Collection dirigée par Henri Mitterand
Série "Les écrivains" dirigée par Dominique Rincé

D1719151

Musset

- **des repères pour situer l'auteur et ses écrits**

- **une analyse des grandes œuvres sous forme de résumés ou de descriptifs et de commentaires**

- **des groupements thématiques, des sujets de travaux, une bibliographie**

Françoise Zamour
Agrégée de lettres classiques
Ancienne élève de l'E.N.S.

Sommaire

© Éditions Nathan 1996, 9, rue Méchain – 75014 Paris
ISBN 2-09-180852-2

Introduction

L'œuvre d'Alfred de Musset place son lecteur au cœur des paradoxes du XIXe siècle. Apparemment, on aborde avec ses textes le romantisme par excellence, celui de l'enfant blond, précocément doué, doté d'un talent multiforme qui le conduit de la poésie au théâtre en passant par la nouvelle et le roman, vivante image d'une perpétuelle jeunesse. Pourtant, le petit jeune homme rangé revendique la paternité de Shakespeare, celle de Schiller* , avant même d'entrer en littérature, et, pour sa première publication, choisit d'adapter les *Confessions d'un mangeur d'opium* de Thomas de Quincey* – l'un des auteurs qui inspirèrent les *Paradis artificiels* – sous le titre de *L'Anglais mangeur d'opium*.

En 1833, la liaison de Musset avec George Sand – déjà « scandaleusement célèbre », comme l'écrit Philippe Soupault, lorsque Musset la rencontra – fit des deux amants un couple mythique, symbole du romantisme. De fait, cette violente passion révéla pour la première fois une part obscure de la personnalité de Musset, susceptible de le livrer périodiquement à d'inquiétantes crises de délire hallucinatoire. Elle engendra, de sa part, une méfiance à l'égard de la femme qui l'éloignera considérablement des stéréotypes féminins de la poésie élégiaque romantique.

Le symbole, si français, de l'alliance de la mélancolie et de la grâce, de l'observation morale et de la fantaisie légère, offre plus d'aspérités qu'on ne pourrait le croire. Musset se révèle attiré par l'horreur, le cauchemar. En témoigne la violence des visions exposées au détour de *Rolla* ou des *Nuits*, comme celle du pélican, que Musset cherche à rendre aussi suggestive et frappante que possible.

Musset, chantre de la jeunesse, apparaît également comme un poète du désespoir. Au-delà de la jeunesse, l'avenir ressemble à une mort annoncée. Au contraire de ses contemporains tournés vers Dieu, ou confiants dans l'avenir de l'humanité, Musset, malgré quelques tentatives comme celle de *L'Espoir en Dieu*, reste dans son œuvre profondément sceptique. S'il se tourne parfois vers le ciel, c'est pour en interpeller la vacuité, voire accuser les hommes d'avoir à jamais anéanti la divinité.

Écrivain complet, qui, pour se vouloir avant tout poète, n'en a pas moins effectué des incursions dans chacun des genres importants de la littérature de son temps, Musset se situe véritablement à la charnière entre le romantisme et les recherches poétiques qui le suivront, voire s'y opposeront. Cette place paradoxale lui valut une postérité fluctuante. Admiré après sa mort comme le symbole même du lyrisme personnel, il fut haï, par la suite, pour les mêmes raisons. Le public choisit ensuite de considérer essentiellement son théâtre, qui fut le seul théâtre du XIXe siècle à connaître un indéfectible succès posthume.

Pourtant, la fulgurance de certaines de ses visions, son pouvoir évocateur, qui lui permet de toucher le cœur des passions adolescentes, imposent incontestablement Musset comme un écrivain important de son siècle, et non comme un « petit maître ». Aussi convient-il d'essayer de se pencher sans *a priori* sur celui dont Bernard Masson assimile le travail poétique à une forme de « vivisection ».

La vie de Musset

L'enfant blond

C'est en 1810, bercé par les succès et les rêves de l'Empire, que naît à Paris Alfred de Musset. Sa famille, de petite noblesse, a pris autrefois une part active à la Révolution, et manifestera toujours un vif attachement aux idées libérales. Le père d'Alfred est en effet l'auteur d'une *Histoire de la vie et des œuvres de Jean-Jacques Rousseau*, qui témoigne d'une étonnante érudition et fait autorité à l'époque.

Jusqu'en 1819, il reçoit avec son frère Paul les leçons d'un précepteur, et manifeste déjà un goût très vif de la lecture et du théâtre. Il entre ensuite au lycée Henri IV, où il se montre brillant, principalement en dissertation française et en latin. C'est là qu'il rencontre le duc de Chartres, fils du futur roi Louis-Philippe, et surtout Paul Foucher, beau-frère de Victor Hugo, qui l'introduit dans le Cénacle romantique.

Doté d'un bon talent de plume, et de facilités d'écriture très nettes, Musset se montre précoce, sans pour autant manifester de véritable vocation. Indolent, il n'a pas encore, à vingt ans, l'intention d'embrasser une carrière précise. La médecine, le droit, le dessin, le tentent puis l'ennuient. Écrire ? Il faudrait pour cela être « Shakespeare ou Schiller ».

Un dandy amoureux et réfractaire au romantisme

L'année 1830, durant laquelle se déroule la « bataille d'*Hernani* », constitue un moment-clé dans l'histoire du romantisme français. Le jeune Musset, qui avait publié en 1828 une adaptation française des *Confessions d'un mangeur d'opium* de Thomas de Quincey, rejoint tout naturellement le Cénacle, où siègent les thuriféraires de Victor Hugo. Il ne parvient cependant pas à se conformer aux règles ni à l'esthétique de cette école, et gardera une indépendance aristocratique qu'il revendique dès la préface des *Contes d'Espagne et d'Italie*, sur un ton assez cavalier. Éclectique, fin latiniste, connaisseur du XVIIe siècle autant que de Shakespeare, Musset saura, tout au long de sa carrière, combiner ces influences sans *a priori*, et manifestera même, au théâtre, une parenté nette avec Marivaux et le XVIIIe siècle.

La religion de l'amour

Son frère Paul, qui fut son premier biographe, le raconte : dès son plus jeune âge, Alfred manifeste une étonnante propension à aimer. Grisettes, jeunes filles, épouses délaissées, toutes tournent la tête du jeune homme amoureux de l'amour. Mais la rencontre déterminante a lieu en 1833, au cours d'un dîner de collaborateurs de la *Revue des deux mondes*. George Sand, alors âgée de 29 ans, est aussi célèbre pour ses romans que pour ses « excentricités ». Presque immédiatement, les deux jeunes gens deviennent amants, et vivent quelques semaines exaltées avant de connaître leurs premières crises. Un voyage à Venise les conduira au bord de la folie ; Musset trahi, jaloux, malade, regagnera la France sans George. Leur passion se survivra encore une année, émaillée de spectaculaires réconciliations autant que d'éprouvantes scènes de violence. Cette période prolongée jusqu'en 1837 environ constituera l'époque la plus féconde de la carrière de Musset.

Bien d'autres femmes, également, susciteront amours ou passions de la part d'Alfred de Musset. Parmi elles, Madame Jaubert, la Ninon de ses poèmes, Aimée d'Alton, qui épousera finalement Paul de Musset, la sœur de la Malibran, Pauline Garcia, ou la comédienne Rachel, que les articles de Musset contribueront à lancer. Pourtant, la femme, indispensable au poète, représente surtout, dans son imaginaire comme dans son vécu, une source de tourments, l'objet d'une terrible jalousie, un étrange mélange de fourberie et de pureté. Musset ne saurait vivre sans aimer, mais il ne parvient pas à aimer sans douter.

Un jeune homme à la mode

Ami intime des plus célèbres et des plus excentriques dandys du siècle, au nombre desquels Alfred Tattet et Ulric Guttinger, Musset, quoique disposant d'une fortune modeste, mène l'existence de ces jeunes gens désœuvrés. Amateur des textes de Byron*, passionné par la figure de Don Juan, Musset partage la vie de la jeunesse dorée de son temps.

Amoureux, Alfred est aussi libertin, amateur de soupers fins, de femmes et de vins. Dans ses textes, la courtisane, la grisette, petites fées des nuits d'orgie, empreintes à la fois de naïveté et de rouerie, apparaissent plus vivantes que chez aucun autre auteur.

Le poète déchu

« Enfant » du romantisme, poète de la jeunesse, Musset ne survivra pas à sa propre jeunesse. À partir de 1839-1840, son inspiration se tarit et ne laisse plus place qu'à des poèmes de circonstance ou à quelques textes critiques, notamment ceux consacrés à Rachel, et surtout à une série de contes écrits bien plus pour des raisons alimentaires que par plaisir. À partir de 1847, cependant, *Un caprice* connaît un important succès sur scène, et génère de nombreuses représentations des pièces de Musset. Ce succès dramatique, s'il lui inspire quelques remaniements de ses anciennes pièces, ne parvient cependant pas à le satisfaire.

Malade, Musset se retrouve isolé, oublié de ses amis d'autrefois, même après son élection, en 1852, à l'Académie française. La nouvelle génération d'écrivains, au nombre desquels Baudelaire, ne le ménage pas, et le tient pour le symbole de toutes les outrances du romantisme. C'est dans la débauche, les nuits blanches, les vapeurs dorées de l'absinthe que Musset portera le deuil de sa jeunesse jusqu'à une mort qui, en 1857, ressemblera, comme l'a déclaré Alfred Tattet, à un « affreux suicide ».

VIE ET ŒUVRE D'ALFRED DE MUSSET	ÉVÉNEMENTS POLITIQUES, SOCIAUX ET CULTURELS
1810 Naissance à Paris d'Alfred de Musset.	**1810** Mariage de Napoléon Ier et de Marie-Louise d'Autriche.
	1814 Première Restauration.
	1815 Les Cent Jours. Bataille de Waterloo.
1819 Musset entre au lycée Henri-IV.	
	1820 Lamartine, *Méditations*.
	1824 Début du règne de Charles X.
1827 Prix au concours général (1er prix de dissertation).	
1828 Obtention du baccalauréat. Contacts avec le Cénacle. Traduit *La Confession d'un Anglais mangeur d'opium* (plus tard également traduite par Baudelaire).	**1828** Proclamation de l'indépendance de la Grèce.
1829 Publications des *Contes d'Espagne et d'Italie*. Musset est employé pendant quelques mois dans les bureaux d'une entreprise de chauffage.	**1829** Victor Hugo, *Les Orientales*.
1830 Juillet: Musset sur les barricades (?). Septembre: *Le Tableau d'église*. Octobre: *Les Vœux stériles*. Décembre: échec de *La Nuit vénitienne*.	**1830** Bataille d'*Hernani*. Révolution des Trois Glorieuses. Début de la monarchie de Juillet.
1831 Janvier: début de *Revues fantastiques* dans *Le Temps*.	**1831** Répression de la révolte des Canuts à Lyon.
1832 Mort de son père.	**1832** Mort de Goethe et de Walter Scott.
1833 Début de sa liaison avec George Sand et départ pour l'Italie. *Andrea del Sarto*. *Rolla*. *À quoi rêvent les jeunes filles*. *Namouna*. *La Coupe et les lèvres*. *Les Caprices de Marianne*.	**1833** George Sand communique à Musset *Une conspiration en 1537*. Écriture de *Lorenzaccio*.

VIE ET ŒUVRE D'ALFRED DE MUSSET	ÉVÉNEMENTS POLITIQUES, SOCIAUX ET CULTURELS
1833 George Sand communique à Musset *Une conspiration en 1537*. Écriture de *Lorenzaccio*.	
1834 Séjour à Venise. Rupture avec George Sand. Publication de *On ne badine pas avec l'amour* et de *Lorenzaccio*.	**1834** Balzac, *Le Père Goriot*.
1835 Rupture définitive avec George Sand. *Le Chandelier*. *Nuit de mai*. *Nuit de décembre*.	**1835** Attentat de Fieschi contre Louis-Philippe.
1836 Publication de *La Confession d'un enfant du siècle* et de *Nuit d'août*.	**1836** Échec de la tentative de prise du pouvoir par Louis-Napoléon Bonaparte.
1838 Musset nommé bibliothécaire au ministère de l'Intérieur.	**1838** Victor Hugo, *Ruy Blas*.
1839 Fin de la grande période de production de Musset.	**1839** Stendhal, *La Chartreuse de Parme*.
1840 Publication des *Œuvres complètes* en deux volumes.	**1840** Retour des cendres de Napoléon Ier.
1841 Publication du poème *Souvenir*.	
	1842 Auguste Comte, *Cours de philosophie positive*.
1845 Publication du proverbe *Il faut qu'une porte soit ouverte ou fermée*.	**1845** Mérimée, *Carmen*.
1847 Représentation de la pièce *Un caprice* à la Comédie-Française. Début de la notoriété dramatique de l'auteur.	**1847** Crise économique.
1848 Musset perd son poste de bibliothécaire.	**1848** Révolution de Février 1848. Début de la IIe République. Révolutions en Europe. Élection de Louis-Napoléon Bonaparte à la présidence de la République.

VIE ET ŒUVRE D'ALFRED DE MUSSET	ÉVÉNEMENTS POLITIQUES, SOCIAUX ET CULTURELS
	1851 Coup d'État du 2 décembre.
1852 Musset est élu à l'Académie française.	**1852** Proclamation du Second Empire. Débuts de l'unité italienne.
1857 Mort de Musset à Paris.	**1857** Flaubert, *Madame Bovary*. Baudelaire, *Les Fleurs du mal*.

Synthèse générale

UN POÈTE ROMANTIQUE ?

L'influence des romantiques étrangers

Ses multiples lectures contribuèrent incontestablement à faire de Musset un homme de son temps. Bon angliciste, il maîtrisait parfaitement les textes de Byron, dont l'influence se ressent très fortement dans ses *Premières poésies*, et les poèmes du barde Ossian*, qui déclenchèrent l'enthousiasme des milieux littéraires européens au début du XIXᵉ siècle. La lecture, dès l'adolescence, de Walter Scott et des romans de chevalerie semble avoir constitué un des éléments essentiels de la formation du goût du jeune homme, ainsi que la découverte de Richardson* et de son roman *Clarisse Harlowe*, qui lui servira souvent de modèle.

Par ailleurs, en 1831, Musset publie dans *Le Temps* un article intitulé « Pensées de Jean-Paul ». Cet hommage au poète Frederick Richter*, qu'une traduction de 1829 fait mieux connaître aux lecteurs français, permet à l'auteur d'opérer un retour sur sa dette littéraire envers l'Allemagne. Madame de Staël*, dans *De l'Allemagne*, avait révélé au public français Goethe, Schiller et la poésie allemande. Tout au long de l'œuvre de Musset, on trouvera des traces de son admiration pour Schiller*, et principalement pour *Les Brigands*, dont *Lorenzaccio* constituera une sorte de pendant latin. Le personnage et les aventures de Werther lui inspireront également remarques, allusions et emprunts tout au long de sa carrière poétique. Pour Jean-Paul, ses textes visionnaires inspirent à Musset, comme à Nerval également, la fulgurance qui saisit ses images poétiques.

En termes de formation de l'esprit, c'est dans la littérature étrangère, *via* le truchement de Madame de Staël, que Musset a trouvé des écrivains à la mesure de son ambition. Ces auteurs sont incontestablement ceux qui inspirèrent, pour l'essentiel, le romantisme français. Cette communauté de références expliquerait alors comment Musset, au regard de la postérité, s'est non seulement trouvé classé au rang des romantiques, mais se trouve même souvent considéré comme le fer de lance du romantisme, le représentant par excellence d'une école littéraire à laquelle il s'est pourtant toujours gardé de vraiment appartenir.

Musset et les romantiques français

Au cours des années 1820, les amitiés de lycée de Musset ne pouvaient pas ne pas le conduire sur la piste de Victor Hugo. Son camarade Paul Foucher, beau-frère du poète, l'introduit en effet rapidement dans le Cénacle, où se réunissent les jeunes romantiques – que l'on appelle les « jeunes France » – de ces années de combat littéraire et dramatique. Cependant, dès 1830 et la « bataille d'*Hernani** », on remarque la position quelque peu repliée de Musset. Les récits consacrés à cette joute font état de la présence de Nerval, d'Alexandre Dumas ou de Gautier, par exemple, mais n'évoquent jamais celle de Musset, leur contemporain.

Même la publication, en 1829, des *Contes d'Espagne et d'Italie* qui semblent devoir faire admettre le jeune poète au nombre des romantiques, se trouve placée, par l'auteur lui-même, sous le signe de l'ambiguïté. Dès la préface, Musset y revendique la permission « d'imiter le comte d'Essex, qui arriva dans le Conseil de la reine crotté et éperonné ». Une description qui ressemble à s'y méprendre au Musset du Cénacle. Le reste du texte, sceptique quant au bien-fondé des désirs et des revendications romantiques, ne saurait en aucun cas faire figure de ralliement. On y lit en effet : « Le genre historique toutefois est assez à la mode, et nous a valu bien des Mémoires. À Dieu ne plaise que je veuille décider s'ils sont véridiques ou apocryphes ! ».

On retrouvera, tout au long de la carrière de Musset, cette méfiance à l'égard des romantiques français, qui culmine dans les *Lettres de Dupuis et Cotonnet*. Publiées dans la *Revue des deux mondes* entre le 15 septembre 1836 et le 15 mai 1837, ces articles constituent une description ironique du monde littéraire des années 1830. Dupuis et Cotonnet, deux braves garçons de la Ferté-sous-Jouarre, férus de littérature, adressent au directeur de la *Revue* des lettres destinées principalement à faire comprendre ce qu'est le romantisme. C'est surtout le cas de la première *Lettre*, consacrée à l'abus des adjectifs. Après avoir mis en avant toutes les définitions possibles du romantisme, et surtout après avoir prouvé le caractère artificiel de l'opposition entre classiques et romantiques, Dupuis et Cotonnet parviennent à isoler le principe du romantisme : est romantique celui qui emploie plus d'adjectifs que les classiques. En conclusion, les deux acolytes se livrent à un exercice d'application : la traduction en style romantique de la première des *Lettres de la religieuse portugaise*.

On le voit, pas plus dans sa prime jeunesse que lorsqu'il atteindra un âge plus mûr, Musset ne parvient à prendre au sérieux le mouvement romantique. On peut en prendre pour preuve la parodie qu'il écrivit en 1848, à partir de l'un des textes phares du romantisme, *Les Mémoires d'outre-tombe*. Avec les *Mémoires d'outre-cuidance*, Musset n'attaque pas seulement le père du mouvement, mais aussi, par ricochet, celui qui dans sa jeunesse rêvait d'être « Chateaubriand ou rien », Victor Hugo.

L'alliance de Racine et de Shakespeare

Cette méfiance à l'égard des écoles littéraires de son temps s'accompagne, chez Musset, de la célébration du Grand Siècle. Sous sa plume, le XVIIe siècle se trouve toujours décrit comme le siècle du goût parfait, de l'équilibre, de l'apothéose de la littérature. Par ailleurs, Musset reconnaît et célèbre la valeur d'un Shakespeare que l'époque commence à redécouvrir dans son intégralité. En tant qu'angliciste, il intègre sans difficulté les caractéristiques des comédies shakespeariennes, qu'il saura adapter à son théâtre.

Cependant, l'auteur n'a jamais revendiqué comme fruit d'une quelconque originalité le mélange des genres. De fait, toujours dans les *Lettres de Dupuis et Cotonnet*, les deux héros s'attaquent au dogme de l'alliance du comique et du tragique. «Aristophane, vous le savez, est, de tous les génies de la Grèce antique, le plus noble à la fois et le plus grotesque, le plus sérieux et le plus bouffon, le plus lyrique et le plus satirique», écrit Dupuis. Le mélange des genres n'a rien de spécialement moderne. Il renvoie aux auteurs grecs, classiques entre les classiques.

De fait, Musset, pour ne rien ignorer de la pensée romantique, refuse de mettre en avant la rupture entre Racine et Shakespeare, mais s'attache au contraire à mettre au jour leur parenté. C'est au point de convergence du classicisme et des influences les plus modernes que Musset revendique sa position. On trouve l'affirmation de l'indépendance de Musset dans un poème de 1830, *Les Secrètes pensées de Rafaël, gentilhomme français* :

« Salut, jeunes champions d'une cause un peu vieille,
Classiques bien rasés, à la face vermeille,
Romantiques barbus, aux visages blêmis ! […]
Vétéran, je m'assois sur mon tambour crevé.
Racine, rencontrant Shakespeare *(sic)* sur ma table,
S'endort près de Boileau qui leur a pardonné. »

Dans ce texte de 1830 et dans ceux qui lui sont contemporains, sous la plume de Musset, on trouve le refus de l'étiquette de romantique. Outre la réflexion sur la littérature que révèle cette position, elle met surtout en avant la place que Musset s'attribue dans le paysage littéraire de son époque.

MUSSET, POÈTE DE SON TEMPS

Un jeune dandy

Quand ses personnages lui ressemblent, Musset se peint sous les traits d'un jeune homme à la mode. Parfaitement vêtu, comme toute la jeunesse dorée de son époque, le jeune poète fréquente Alfred Tattet, Ulric Guttinger, jeunes gens souvent très riches qui, ayant pris pour modèles les jeunes anglais *fashionable*, partagent avec eux le goût des plaisirs, une recherche vestimentaire allant parfois jusqu'à l'ostentation, et une oisiveté teintée d'ennui. Cet ennui mélancolique

que Baudelaire, comme Musset d'ailleurs, nommera *spleen*. On retrouve sous ces traits l'Octave des *Caprices de Marianne*, le Valentin des *Deux maîtresses*, le personnage de Mardoche, celui de Rolla.

Il serait vain de ne voir là qu'une affectation de jeune homme. La position sociale que Musset s'est ainsi attribuée rejoint sa position littéraire. Il y a du Montaigne, du La Fontaine, dans la relation que l'auteur des *Nuits* entretient avec son public, et avec les auteurs de son temps. Musset manifeste, aussi souvent que le permettent ses œuvres, une désinvolture aristocratique, presque hautaine parfois. Sa méfiance à l'égard de l'étiquette « romantique » rejoint le refus de passer pour un simple « plumitif ». D'où les fréquentes allusions de l'auteur à sa paresse, et la répugnance qu'il manifeste, dans *Le Poète déchu*, à l'idée de devoir répondre à des commandes.

Par ailleurs, ce choix esthétique et social rejoint une réalité du moment. Comme les autres écrivains de son temps – de Hugo à Vigny –, Musset va faire porter une partie de sa réflexion sur la place du poète dans la société. De fait, l'ordre social bourgeois issu de la révolution de 1830 met en place une véritable société de classes. Celles-ci se trouvent séparées de manière plus rigide encore que dans le monde de la Restauration décrit dans *Le Rouge et le Noir*. Le poète, dans cet univers fermé, ne trouvera pas de vraie place. Musset l'écrit dans ses *Revues fantastiques* : « Il faut être franc dans ce siècle-ci ; lorsqu'on est bien persuadé qu'on ne peut être ni médecin, ni avocat, ni banquier, ni évêque, ni courtier marron, ni ministre, enfin lorsqu'on a l'intime conviction qu'on n'est bon à rien, on peut se faire poète ». Ce temps inaugure l'époque du poète paria, déclassé, comme Fantasio, ou – *mutatis mutandis* – Lorenzaccio. En ce sens, on peut considérer la poésie de Musset comme profondément politique.

L'enfant du siècle

C'est dans *La Confession d'un enfant du siècle*, essentiellement, ainsi que dans les *Poésies nouvelles*, que l'on trouve la trace de la relation de Musset à la politique. L'une des *Revues fantastiques* de 1831 affiche, certes, pour le poète, le refus le plus absolu de l'engagement politique. Il écrit : « Si la littérature veut exister, il faut qu'elle rompe en visière à la politique. Autrement, toutes deux se ressembleront et la réalité vaudra toujours mieux que l'apparence », avant d'ajouter : « Un poète peut parler de lui, de ses amis, des vins qu'il boit, de la maîtresse qu'il a ou voudrait avoir, du temps qu'il fait, des morts et des vivants, des sages et des fous : mais il ne doit pas faire de politique ».

Ces textes paraissent contredire, entre autres, le chapitre II de *La Confession*, *Rolla*, *L'Espoir en Dieu*, *Lorenzaccio*. Ils demandent donc une lecture moins radicale qu'il n'y paraît : la relation entre la poésie et la politique se trouve refusée par Musset au sens où l'entend Hugo par exemple. Le rôle du poète n'est certainement ni de guider le peuple, ni de commenter les changements politiques de son temps (Musset ne se livrera à l'exercice que pour son poème *La Loi sur la presse* qu'il finira par exclure de ses *Poésies complètes*).

Si Musset refuse la politique, c'est pour mieux mettre en avant l'importance qu'il accorde *au* politique, c'est-à-dire à la réflexion sur le siècle. Dans un texte de 1833, intitulé *Un mot sur l'art moderne*, l'auteur d'*André del Sarto* écrit : « Où voit-on un peintre, un poète préoccupé de ce qui se passe, non pas à Venise ou à Cadix, mais à Paris, à droite et à gauche ? Que nous dit-on de nous dans les théâtres ? de nous dans les livres ? et j'allais dire, de nous dans le forum ? car Dieu sait de quoi parlent ceux qui ont la parole. Nous ne créons que des fantômes, ou si, pour nous distraire, nous regardons dans la rue, c'est pour y peindre un âne savant ou un artilleur de la garde nationale ». L'essentiel de sa thèse tient en quelques mots : le poète doit écrire pour ses contemporains, et leur parler d'eux-mêmes. *Lorenzaccio* bruisse des échos de la révolution de 1830, comme *Athalie* – que Musset prend pour exemple dans ce même article – résonne des craintes et des angoisses de la fin religieuse du règne où elle fut écrite. En ce sens seulement, mais c'est le meilleur sens du terme, on peut considérer que Musset fait œuvre politique.

Le pessimisme de la vision

C'est à partir des questions de société, de place de la poésie dans le monde, que l'on peut essayer de comprendre la tentative de Musset. Son refus de la politique relève, encore une fois, de son hostilité aux romantiques. Il faut le lire dans le contexte de la deuxième *Lettre de Dupuis et Cotonnet*, consacrée aux « humanitaires ». Cette lettre interroge avec une ironie sceptique le messianisme social et politique d'un Lamartine, ou d'un Victor Hugo. Moqué, vilipendé, cet humanitarisme apparaît comme une forme naïve d'engagement non politique, au sens où elle n'essaie jamais de comprendre son temps. Pour Musset, une fois abandonnés les rêves de gloire napoléoniens, l'homme du XIXe siècle se relève, dans les débris fumants de la Révolution, et se tourne vers un ciel désespérément vide. Plus d'espoir ici-bas, mais encore moins dans un au-delà que Voltaire et ses successeurs ont contribué à démythifier.

Ce pessimisme, qui, selon Paul Bénichou, fait de Musset l'un des plus typiques représentants de la génération des « désenchantés », affectera la vision du poète, et l'ensemble de sa recherche poétique. Cynisme et désillusion à l'égard des femmes sur lesquelles pèsera sans cesse le soupçon, incertitude quant à un avenir qui s'arrête au moment funeste de la fin de la jeunesse, comme le montre un petit texte de 1840, intitulé *À trente ans*. Rolla est parfaitement emblématique de la vision du monde de Musset : son suicide constitue la suite logique, la seule issue possible d'une existence convulsive.

Philippe Soupault s'émeut de trouver, sous la plume de Musset, des accents qui paraissent annoncer le Rimbaud des *Illuminations*. Il est certain que, au moins à travers cette théorie de la souffrance que l'auteur développe – avec parfois un peu d'emphase – dans *Les Nuits*, il met en avant une donnée que retiendront les poètes ultérieurs : la nécessité de faire de soi-même l'objet et le sujet de la vraie poésie. C'est dans la double vie qu'il mena jusqu'au bout, à la fois brillante et nocturne, mondaine et alcoolique, amoureuse et débauchée, que Musset parvint à se constituer en sujet poétique.

LE THÉÂTRE DE LA VIE

L'omniprésence du théâtre

La double personnalité de Musset, cette part d'ombre qu'il conserva toujours, face à ses amis, à ses maîtresses, au point de développer une tendance tragique à l'autoscopie (la vision de soi-même hors de soi), ne sont sans doute pas sans relation avec son rapport au théâtre. En ce sens, Musset ne pouvait pas rester insensible à l'idée shakespearienne que le monde est une scène, que les êtres y jouent un rôle, des rôles. Plus encore, ils n'existent que par les masques qu'ils empruntent, la suite des personnages successifs qu'ils interprètent.

Une conception que l'on retrouve non seulement dans le théâtre de Musset, mais qui paraît même constitutive de toute son œuvre. En un sens, on peut considérer Musset essentiellement comme un écrivain de théâtre. Outre l'importance de ses textes dramatiques, sans doute absolument essentiels dans l'histoire du théâtre du XIXᵉ siècle, on remarque l'omniprésence du théâtre dans l'ensemble de l'œuvre. Dans la poésie, et principalement dans les *Premières poésies*, la narration le dispute à la conversation, quand le texte ne se fait pas tout simplement pièce de théâtre, comme c'est le cas pour *À quoi rêvent les jeunes filles*, par exemple. Même le seul roman achevé de Musset, *La Confession d'un enfant du siècle*, réserve une large part au dialogue où les personnages s'animent. Même choix de privilégier la vivacité des échanges dans les meilleurs des contes et des nouvelles. Musset y organise des scènes à deux ou trois personnages, dont il décrit brièvement le décor, et où il laisse s'exprimer les caractères, aussi librement que possible.

C'est d'ailleurs au théâtre qu'il consacrera les meilleurs textes de la fin de sa vie. La découverte de la comédienne Rachel le conduit à relire le théâtre classique, au point de mettre en chantier une tragédie pour elle. Si les fragments de *La Servante du roi* ne déclenchent pas l'enthousiasme, le court récit intitulé *Un souper chez Rachel*, extrait en fait d'une lettre à madame Jaubert, où l'auteur raconte la nuit qu'il passa chez la comédienne, à lire avec elle *Phèdre* à la lueur des flambeaux, se présente comme l'une des plus saisissantes scènes dramatiques du Musset d'après 1840.

Le refus de la représentation

C'est sans doute l'omniprésence de l'écriture dramatique chez Musset qui permet de comprendre son refus de la représentation. On raconte qu'après l'échec cuisant de sa première pièce, Musset décida d'écrire des spectacles à lire, et dédaigna le théâtre. La raison serait un peu trop simple, surtout s'agissant d'un spectateur aussi assidu, et d'un juge aussi sûr, que l'auteur de *Lorenzaccio*.

Plus profondément, en un siècle où tous les événements littéraires importants connaissent un prolongement ou une consécration sur la scène, il faut voir dans ce refus du théâtre un choix raisonné. En ne vouant pas une partie de ses textes à la représentation, Musset les dédie tous au théâtre. Dans cette optique, l'auteur choisit d'écrire des pièces volontairement difficiles à représenter : multiplication de décors différents, au risque d'opérer des changements à vue, souplesse de la temporalité, personnages caricaturaux parfois difficiles à incarner, voire utilisation du chœur, comme dans *On ne badine pas avec l'amour*.

Dans cette liberté, on trouve les germes d'un théâtre de l'irreprésentable tel que le pratiqueront, à partir de la fin du Second Empire, les poètes symbolistes. Musset se délivre des contraintes de la représentation telle qu'on la pratique au cours des années 1830 où le mélodrame et le drame historique tiennent l'affiche. Lui qui déclare écrire pour son temps, et même pour la jeunesse de son temps, choisit néanmoins de rester à l'écart des modes. Cependant, on ne saurait voir là un pari sur la postérité, qui ne correspond pas aux prises de position de Musset, mais plutôt le désir de chercher, par-delà la barrière des genres, un ailleurs de la poésie et du théâtre.

Musset préfère la vie

Cette liberté d'écriture répond à la nécessité de rendre la littérature, et *a fortiori* le théâtre, aussi vivants que possible. De fait, la vie constitue, dans la carrière de Musset, une partenaire essentielle. L'auteur utilise largement son expérience, les détails de sa biographie, dans la plupart de ses écrits. On trouve des traces de la relation entre Sand et Musset, essentielle pour le jeune homme, dans la plupart des textes des années 1833-1835. *On ne badine pas avec l'amour* reprend des extraits de lettres de la jeune femme et, bien sûr, *La Confession d'un enfant du siècle* utilise cette scandaleuse aventure comme trame du récit. Cette relation sera d'ailleurs présente jusqu'à la fin de la carrière de Musset, puisqu'on retrouve Sand sous les plumes maquillées de la merlette, dans l'*Histoire d'un merle blanc*.

Chacune des aventures du poète lui inspirera des textes, poèmes à Ninon, nouvelles comme *Emmeline* pour rendre hommage à Madame Jaubert, poèmes à Aimée d'Alton, textes dédiés à Buloz, directeur de la *Revue des deux mondes*, souvenirs de vacances campagnardes pour *Pierre et Camille*. Même les textes les plus anodins, les écrits de commande qui apparaissent le plus loin de Musset, donnent lieu à une forme d'appropriation, d'implication de l'auteur.

Cependant, la relation entre la littérature et la vie ne relève pas, pour l'auteur, de la simple introduction de données biographiques dans ses textes. Musset entretient une sorte de tension entre l'existence et la littérature. Il faut souffrir pour écrire, et faire de sa vie l'objet d'un perpétuel travail, mais l'écriture constitue une souffrance dans la mesure justement où elle contredit l'aspiration à vivre de l'auteur. Pour Ninon Jaubert, pour Aimée d'Alton, pour Buloz aussi, Musset ne cesse, dans ses écrits, de justifier sa paresse. Une paresse qui s'apparente, d'ailleurs, à ce que l'on pourrait nommer un *otium* poétique, une inactivité nécessaire à la création. L'auteur demande à Buloz, en 1842 :

« Après cela, mon cher, je désire et j'espère […]
Que vous vous guérirez du soin que vous prenez
De me venir toujours jeter ma lyre au nez ».

Le personnage le plus proche de Musset pourrait bien se révéler, *in fine*, ce fils du Titien auquel le poète consacra une nouvelle, un poème, et de nombreuses allusions, et qui choisit de renoncer à la peinture, pour demeurer auprès de Béatrice Donato, sa maîtresse adorée. Si le fils du Titien renonce, c'est aussi faute de parvenir à exprimer l'indicible intensité des émotions. Musset théorise en quelque sorte le fils du Titien comme un poète conscient de l'impuissance de sa plume, préfigurant en quelque sorte Mallarmé. Cependant, au lieu de placer la tentative poétique au cœur de cette impuissance à dire, Musset se trouve toujours tenté de renoncer :

« J'ai le cœur de Pétrarque et n'ai point son génie ;
Je ne puis ici-bas que donner en chemin
Ma main à qui m'appelle, à qui m'aime ma vie ».

Les grandes œuvres

LE POÈTE

La poésie constitue le principal objet du travail de Musset. Ce qu'il lui importe d'être, et de rester, pour ses contemporains, c'est d'abord un poète. La prose narrative de Musset semble, à de rares exceptions près, le fruit de la commande ou de la nécessité. C'est sur l'écriture poétique qu'il fait porter, en bon fils de son siècle, l'essentiel de ses efforts. Jusqu'à la fin de sa vie Musset ne cessera jamais d'écrire des vers, même si la dimension de ses textes tend à se réduire, et si, après 1840, les chansons brillantes remplacent les longs développements poétiques.

À la différence des autres poètes de son époque, Musset ne publia pas d'abord ses textes sous la forme de recueils. La plupart d'entre eux furent publiés en revues (la *Revue des deux mondes* principalement). Seuls les premiers textes parurent, en 1830, sous le titre de *Contes d'Espagne et d'Italie*. Par la suite, *Les Marrons du feu*, *À quoi rêvent les jeunes filles* et *Namouna* constituèrent le premier volume du *Spectacle dans un fauteuil*. Ce n'est qu'en 1852 que Musset réunit ses *Poésies complètes*, divisées en deux volumes : *Premières poésies* (1830-1834) et *Poésies nouvelles* (1835-1840). Cet ordre chronologique fit l'objet du choix de Musset, aussi paraît-il préférable de considérer sa poésie en examinant d'abord ces deux volumes, puis en portant aussi un regard sur les textes non recueillis, ou posthumes.

Premières poésies (1830-1834)

DESCRIPTIF

Dans la diversité des textes réunis sous le titre de *Premières poésies*, on peut distinguer trois sources d'inspiration : les textes dramatiques, les longs poèmes narratifs, et les courtes pièces, le plus souvent d'inspiration fantaisiste. Musset a en effet choisi de considérer comme des poésies des textes dramatiques, divisés en scènes et en actes qui, d'ailleurs, donnent souvent lieu aujourd'hui à des représentations. Il paraît important de respecter cette classification. On considérera donc comme des poèmes *Don Paez*, *Les Marrons du feu*, *La Coupe et les Lèvres* et *À quoi rêvent les jeunes filles*. Le premier texte, mélange très libre et original de poésie et de dialogue, et qui, au bout de trois cent cinquante vers environ, prend la forme d'une suite de scènes, porte en exergue une citation de l'*Othello* de Shakespeare. Dans une ambiance espagnole dont la couleur locale fait l'objet d'une précision toute pittoresque, Musset imagine là un drame de la jalousie et de la mort dont les derniers vers ne sont pas sans relation avec l'*Hernani** de Victor Hugo.

Les Marrons du feu, dont l'action se situe en Italie, mettent en scène la revanche d'une femme, la Camargo, héroïne dont le caractère intraitable préfigure les grands caractères féminins du théâtre de Musset. Les personnages masculins, et surtout celui de l'abbé, qui restera comme le « dindon du drame », présentent parfois un caractère grotesque qui donne à l'ensemble l'aspect dérisoire d'un conte plus que d'un véritable drame.

24

La Coupe et les Lèvres conte l'ascension et la gloire d'un jeune homme, Frank, qui éprouve la satisfaction de ses désirs dans les bras d'une courtisane : Belcolore. Il trouve aussi l'amour pur de sa jeunesse en la personne de Deidamia. La jeune fille est sur le point de l'épouser lorsque Belcolore, jalouse, l'assassine, et ruine la vie du héros. Cette pièce constitue véritablement le *Faust* de Musset. Violente, cahotique, grandiloquente souvent, on y trouve cependant des accents et des préoccupations qui réapparaîtront dans *Lorenzaccio*.

Enfin, *À quoi rêvent les jeunes filles* se présente comme une fantaisie, digne du XVIIIe siècle, où le marivaudage n'efface pas la mélancolie, la fragilité de cette histoire de l'initiation amoureuse de deux jumelles : Ninon et Ninette.

Musset choisit également de livrer dans ce volume de véritables contes en vers. Dans *Portia*, conte dialogué vif et enlevé, une jeune comtesse et son amant laissent un mari mort sur le pavé de Venise. Après quelque temps d'opulence Portia et Dalti, l'ancien pêcheur qu'elle aime, perdent toute leur fortune. Portia voudrait suivre son amant dans la mort, il doute.

Mardoche se présente comme une « narration disloquée » telle que Byron l'inaugura. Une suite de cinquante-neuf versets nous brosse le portrait de Mardoche, jeune homme simple devenu un dandy parisien. Il séduit rapidement, dans son équipage royal, une jeune femme que son imprudence et la vengeance d'un mari jaloux conduiront au couvent.

Avec *Suzon*, c'est une sombre histoire de magnétisme, destiné à séduire une jeune fille, qui tourne mal.

Avec *Le Saule*, le lecteur ressent vivement l'inspiration d'Ossian*, de Walter Scott*, du romantisme anglais, dans cette histoire de jeune fille américaine conduite au couvent, puis à la mort, par l'amour qu'elle éprouve pour Tiburce, jeune homme jaloux.

Enfin, *Namouna* rejoint *Mardoche* pour la construction poétique. S'inspirant encore une fois de Byron, Musset livre dans ce poème mi-sérieux, mi-léger, ses réflexions sur le personnage de Don Juan.

On trouvera également dans ce recueil nombre de poèmes plus courts comme la célébrissime *Ballade à la lune*, *Les Secrètes pensées de Rafaël*, les vers *À Juana*, *À Julie*, *À Laure* ou *Les vœux stériles.* Ces pièces courtes alternent avec les textes de circonstance, les poèmes fantaisistes et joyeux, ou les réflexions de Musset sur sa pratique poétique.

Des influences croisées

Si Musset se trouve au premier abord classé parmi les romantiques, ce dont attestent bon nombre de ses textes, on ne peut cependant lui contester une place très particulière au sein des poètes romantiques.

Les premiers textes du recueil, extraits pour la plupart des *Contes d'Espagne et d'Italie*, renvoient à l'inspiration pittoresque des jeunes gens du Cénacle. La Méditerranée constitue, dans l'imaginaire romantique, une terre de passion et de violence. Les histoires d'adultère, de jalousie et de vengeance que Musset choisit de situer dans ces régions correspondent aux territoires favoris des romantiques, depuis le *De l'Italie* de Germaine de Staël*.

On ne peut manquer, également, de constater à quel point sont présents les grands poètes inspirateurs de Musset, tout spécialement dans les premiers textes du poète. *Le Saule*, dont l'action se situe en Amérique, renvoie indubitablement au Chateaubriand d'*Atala* ou du *Voyage en Amérique*. On y trouve aussi l'influence du barde Ossian, dont les fragments de l'« Ancienne poésie des Highlands d'Écosse » connurent un immense succès en Europe. Landes embrumées, regards de l'héroïne vers la mer, honneur bafoué, place du patriarche familial, fiancé ténébreux, couvent final, rien ne manque...

Au titre des inspirateurs de Musset, Byron occupe également une place importante, et l'on peut considérer à la fois *Mardoche* et *La Coupe et les Lèvres* comme l'avers et le revers d'un hommage à Byron. Son univers de héros brillants et fiers marqua ostensiblement le jeune Musset, ainsi que la structure en versets rythmés de ses poèmes. On la retrouve d'ailleurs dans *Namouna*, qui constitue comme une réponse au *Don Juan* de Byron, plus désinvolte cependant, et plus léger.

Apparemment, Musset se réfère également – c'est le cas dans ses *Revues fantastiques* – aux romantiques allemands. Un article de 1831 rend compte d'un volume de traductions de Jean-Paul* par le marquis de la Grange. Connu grâce au *De l'Allemagne* de Germaine de Staël, Jean-Paul mais aussi – et surtout – Goethe et Hoffmann influencèrent sans le moindre doute le romantisme français, et particulièrement ces poètes un peu atypiques que furent Gautier*, Nerval et Musset. Ce dernier n'était apparemment pas germanophone, et ne rend compte des textes allemands qu'à travers leurs traductions. On note cependant, dans *La Coupe et les Lèvres*, la présence du *Faust* de Goethe. Des romantiques allemands, c'est surtout l'usage de la langue, la liberté de ton qui ne leur fait rechercher ni joliesse de pacotille, ni noblesse de convention, que Musset veut retenir, lorsqu'il écrit : « Qui est plus grotesque, trivial, cynique, qu'Hoffmann et Jean-Paul ? Mais qui porte plus qu'eux dans le fond de leur âme l'exquis sentiment du beau, du noble, de l'idéal ? Cependant, ils n'hésitent pas à appeler un chat un chat et ne croient pas pour cela déroger. »

Si on note une incontestable communauté d'inspiration entre Musset et ses prédécesseurs, on remarque également que le traitement, par Musset, de la thématique romantique diffère profondément de celui des poètes de la première génération romantique, ou des jeunes poètes du Cénacle.

En effet, dès les *Premières poésies* et tout particulièrement dans un texte comme *Les Secrètes pensées de Rafaël* on note une ironie certaine à l'égard des chapelles romantiques, et des gardiens du temple hugolien. Par la suite, la fantaisie, la légèreté, que l'on peut situer dans la tradition des écrivains français du XVIIIe siècle, le disputeront toujours, dans l'œuvre du poète, au sérieux lamartinien.

Une vision complexe de la femme

La thématique amoureuse, qui constitue le principal sujet du recueil, correspond également aux attentes des lecteurs de textes romantiques. La figure féminine est sans conteste au cœur de l'inspiration poétique de Musset. Cependant, les figures éthérées comme Deidamia *(La Coupe et les Lèvres)*, Georgina Smolen *(Le Saule)* ou Ninon et Ninette *(À quoi rêvent les jeunes filles)* disparaissent parfois derrière des caractères plus violents : la Camargo, ou Belcolore, la courtisane de *La Coupe et les lèvres*, qu'un improbable amour, exclusif et jaloux, conduira au meurtre de sa rivale. Nous sommes loin de la figure parfaite et pure d'Elvire*, ou de l'exaltation du couple, du bonheur en compagnie de l'amante, tels qu'on les lit sous la plume de Hugo (*Les Contemplations*, livre II). Lorsque Musset célèbre la femme, le bonheur du couple, c'est le plus souvent *(La Coupe et les Lèvres)* avant qu'un événement dramatique ne mette fin au rêve du héros, et ne le renvoie à son enfer personnel. Dans un contexte moins dramatique, comme celui d'*À quoi rêvent les jeunes filles*, Musset se place presque en dehors de sa poésie, pour donner un texte qui revêt, explicitement, la forme d'une réécriture biblique, presque d'une citation du Cantique des cantiques :

« Votre taille flexible est comme un palmier vert ;
Vos cheveux sont légers comme la cendre fine
Qui voltige au soleil autour d'un feu d'hiver. [...]
Vos yeux sont transparents comme l'ambre fluide
Au bord du Niemen ; leur regard est limpide
Comme une goutte d'eau sur la grenade en fleurs. »

De fait, la femme n'est pas la compagne idéale du poète ; objet de son regret, artisan de son tourment, elle l'empêche toujours de trouver le repos. Seules les femmes de hasard, comme la courtisane du poème *À Julie* apportent au poète l'apaisement, l'oubli passager prodigué par les plaisirs sensuels. Ce texte de mars 1832 évoque avec vigueur et insolence le choix du poète, qui préfère, aux rigueurs du travail, l'étourdissement de l'amour :

« On me demande par les rues
Pourquoi je vais bayant aux grues,
Fumant mon cigare au soleil,
À quoi se passe ma jeunesse,
Et depuis trois ans de paresse
Ce qu'ont fait mes nuits sans sommeil.

Donne-moi tes lèvres, Julie ;
Les folles nuits qui t'ont pâlie
Ont séché leur corail luisant.
Parfume-les de ton haleine ;
Donne-les-moi, mon Africaine,
Tes belles lèvres de pur sang. »

Une telle vision de la femme paraît très loin de l'idéalisation romantique, et conduit plutôt le lecteur vers les chemins poétiques qui feront suite au romantisme. Avec Musset, l'ambiguïté de la femme, à la fois tentatrice et démoniaque, qui retient le poète d'écrire et l'éloigne de son travail, et, en même temps, angélique et éthérée, muse inspiratrice et consolatrice, se trouve au cœur de l'inspiration poétique. Musset, s'agissant du traitement de la figure féminine, paraît plus proche de Baudelaire que de Lamartine ou de Vigny.

Un ton de fantaisie

Poète insolent, considéré comme un membre du cercle des « jeunes France » qui se réunissent autour de Victor Hugo, Musset réunit toutes les caractéristiques de nature à choquer, de son temps, les tenants du classicisme. C'est sans doute à cette liberté précoce, à cette fantaisie de ton, que l'on doit le classement de Musset parmi les romantiques. Il suffit de se reporter au prologue des *Marrons du feu* pour découvrir le ton désinvolte du poète qui écrit :

« Mesdames et messieurs, c'est une comédie,

Laquelle en vérité ne dure pas longtemps ;

Seulement que nul bruit, nulle dame étourdie

Ne fasse aux beaux endroits tourner les assistants.

La pièce, à parler franc, est digne de Molière ;

Qui le pourrait nier ? mon groom et ma portière,

Qui l'ont lue en entier, en ont été contents. »

Une telle posture d'énonciation, qui traduit la désinvolture du poète, instaure une relation entre l'auteur et le lecteur, qui fait fi de la traditionnelle humilité, du désir de plaire. Cette insolence se donne bien sûr comme caractéristique de la jeunesse.

Musset réunit en effet ces textes *a posteriori* et revendique, dès l'avertissement au lecteur, la jeunesse de leur auteur :

« Mes premiers vers sont d'un enfant,

Les seconds d'un adolescents,

Les derniers à peine d'un homme. »

Cette jeunesse ne fait pas seulement allusion à un éventuel « classement » de l'auteur parmi les jeunes écrivains, opposé en cela aux anciens, qui refusaient le romantisme. Il faut véritablement y voir une posture d'énonciation, une attitude littéraire qui permet à Musset de s'octroyer toutes les libertés qu'il désire, et surtout de transformer son insolence même en acte poétique. C'est dans ce contexte que l'on peut appréhender la pirouette finale des *Marrons du feu*, ou la fantaisie du ton de *Mardoche*, mais aussi l'écriture d'un texte comme la *Ballade à la lune*. Le choix d'une métrique particulière – des quatrains composés de deux hexasyllabes, un vers de deux syllabes et un dernier hexasyllabe en rimes croisées – ne manque pas de surprendre, autant que les rimes fantaisistes (Apollo/un pied dans l'eau ; clocher jauni/point sur un i ; Phoebé/tombé, etc.). De plus, les neuf dernières strophes, que Musset n'avait pas publiées dans le cadre de la première édition, donnent au poème le ton d'une provocation grivoise.

Même chose dans *Namouna*, portrait d'une sorte de Don Juan oriental, insensible à l'amour, mais philosophe du plaisir. Musset, dans ce poème de cent quarante-sept sizains d'alexandrins, érige la digression en principe de composition : long développement sur Manon Lescaut et la supériorité exercée par les prostituées, littérairement plus vivantes, sur les amoureuses romantiques au chant I, remarques sur les joies de la poésie au chant II. On lit ainsi, au milieu de l'histoire d'Hassan :

« Eh bien ! en vérité, les sots auront beau dire,
Quand on n'a pas d'argent, c'est amusant d'écrire.
Si c'est un passe-temps pour se désennuyer,
Il vaut bien la bouillotte ; et, si c'est un métier,
Peut-être qu'après tout ce n'en est pas un pire
Que fille entretenue, avocat ou portier. »

Ce sizain amusant est suivi par une défense de la poésie :

« […] Elle a cela pour elle
Que les sots d'aucun temps n'en ont pu faire cas
Qu'elle nous vient de Dieu, qu'elle est limpide et belle,
Que le monde l'entend et ne la parle pas. »

Par ailleurs, la comparaison du poète avec Anchise, et de la muse avec Créuse*, qui donne lieu à quelques strophes inspirées de l'*Énéide*, où Musset commente l'avancée cahotique de son poème, ne contribuent pas à donner à l'ensemble du récit le ton de sérieux que l'on aurait pu attendre. Dans ce contexte, les remarques de Musset sur Don Juan, aimant chaque fois chaque femme nouvelle, mais toujours en attente d'un autre amour, qui lui fait chasser le précédent, apparaissent comme une digression supplémentaire, alors qu'elles constituent l'épicentre du poème. Elles éclairent d'ailleurs remarquablement la pensée de Musset :

« Mais toi, spectre énervé, toi, que faisais-tu d'elles ?
Ah ! Massacre et malheur ! tu les aimais aussi,
Toi ! croyant toujours voir sur tes amours nouvelles
Se lever le soleil de tes nuits éternelles,
Te disant chaque soir : "Peut-être le voici",
Et l'attendant toujours, et vieillissant ainsi ! »

Par la suite, l'histoire de Namouna, l'esclave amoureuse d'Hassan, qui donne son titre au poème, ne se trouve traitée que dans les dix dernières strophes, et Musset choisit d'ailleurs, après avoir exposé l'amour de cette nouvelle Elvire pour le héros, de déjouer le potentiel dramatique de son histoire, au profit de l'exposition rapide et légère de la morale du récit.

La violence latente

Cette énonciation légère, amusée, qui pose le poète comme détaché de sa poésie, n'est pas sans faire place, cependant, à une réelle violence se dégageant de l'ensemble des poèmes. Les récits des *Contes d'Espagne et d'Italie* nous content des histoires de mort, de jalousie, d'assassinat et de poison. Don Paez se suicide avec sa maîtresse, la Camargo fait tuer Rafaël par l'abbé prétentieux qui croit gagner la jeune femme en récompense, Portia et son amant se préparent à mourir. De même, l'héroïne de *Mardoche* se voit, à la fin du poème, notifier par son mari sa condamnation au couvent. Deidamia, encore, la jeune fiancée de *La Coupe et les Lèvres*, meurt sous le stylet de sa rivale Belcolore.

À la violence des récits répond aussi, souvent, la dramatisation du ton. On trouve, dès *Les Marrons du feu*, une fougue qui étonne le lecteur de poésie. Ainsi, le rythme heurté des paroles de la Camargo suggère la puissance de sa douleur, la profondeur de la blessure infligée par le léger Rafaël :

« [...] – Ô Malédiction !
Misère ! – Oh ! par le ciel honte et dérision !...
Homme stupide, as-tu pu te prendre à ce piège
Que je t'avais tendu ? – Dis ! – Qui suis-je ? Que fais-je ? »

Musset bouscule l'alexandrin pour suggérer au lecteur la panique du personnage, et parvient à rendre compte, par ce travail de rythme, de la violence de l'atmosphère.

Au-delà du ton, Musset n'hésite pas à jouer de la provocation, à choquer le lecteur, tant par la vivacité de quelques uns des textes amoureux contenus dans ce recueil, que par la fureur des imprécations lancées par certains poèmes. Ainsi, la fin du petit poème *À Julie*, par une allusion à la mort d'Hercule, suggère que le poète choisit de se brûler mortellement dans les bras de la courtisane :

« Puisque c'est par toi que j'expire,
Ouvre ta robe, Déjanire,
Que je monte sur mon bûcher. »

On retrouve cette fureur dans *La Coupe et les Lèvres*, alors que Frank, le héros, s'adresse une dernière fois, avant de brûler la maison de son père, aux hommes de son village :

« [...] Malheur aux nouveau-nés !
Maudit soit le travail ! maudite l'espérance !
Malheur au coin de terre où germe la semence,
Où tombe la sueur de deux bras décharnés !
Maudits soient les liens du sang et de la vie !
Maudite la famille et la société !
Malheur à la maison, malheur à la cité,
Et malédiction sur la mère patrie ! »

Par-delà le contexte dramatique, ces vers, que l'on ne pourrait jamais trouver sous la plume de Hugo, ou de Vigny, résonnent par avance des accents du *Christ aux oliviers* de Nerval et, encore une fois, annoncent les textes les plus virulents de Baudelaire. On le voit, Musset ne cesse, dès ses premiers textes, de s'éloigner du romantisme.

Une question de genre

La lecture des *Premières poésies* de Musset ne manque pas de surprendre. On trouve pêle-mêle dans ce recueil : des textes dramatiques, dont certains, comme *À quoi rêvent les jeunes filles*, donnent parfois lieu à des représentations théâtrales ; des sonnets ou de courts poèmes de forme classique ; de longs textes narratifs, comme *Le Saule*, divisés en chants réguliers ; ou des textes qui prennent la forme d'une suite de versets byroniens, comme *Mardoche* ou *Namouna*. Variété de tons, de sujets, mais aussi de formes, qui donne l'impression d'une poésie qui hésite souvent entre le théâtre et le récit, sans vraiment trouver un équilibre spécifiquement poétique.

Certes, Hugo ou Vigny ont également écrit de longs récits poétiques, dans *Les Contemplations*, ou *La Maison du berger*, séries d'alexandrins distribués en chants réguliers, mais aucun poète n'aura expérimenté une telle variété de formes. C'est que la poésie de Musset se veut universelle, susceptible de s'exercer partout, que ce soit au théâtre ou dans un ouvrage narratif.

Le refus de la représentation relève d'ailleurs de cette polyvalence de la poésie. De fait, c'est *en poète* que Musset aborde la scène, ou le récit ; inversement, par-delà les contraintes de rythme ou d'écriture, un poème peut se faire histoire, dialogue, voire pièce de théâtre. La poésie se définit alors comme une attitude, un postulat littéraire, et non dans le choix d'une forme spécifique.

Poésies nouvelles (1835-1840)

Réuni comme les *Premières poésies* en 1852, puis révisé pour une édition définitive en 1854, le recueil des *Poésies nouvelles* réunit les textes rédigés à partir de 1833. On peut sans erreur parler ici d'une maturité poétique de Musset, qui parvient, mieux que dans les textes précédents, à exprimer toute la variété et la délicatesse de ses sentiments.

DESCRIPTIF

Le recueil compte deux parties nettement marquées. Après *Rolla*, méditation métaphysique qui ouvre les *Poésies nouvelles*, vient le « cycle des *Nuits* ». On appelle ainsi quatre poèmes intitulés *Nuits de mai, de décembre, d'août et d'octobre* qui prennent, au moins pour trois d'entre eux, la forme d'un dialogue entre le poète et sa muse. C'est le travail poétique qui en constitue le sujet : l'écartèlement entre la paresse et le devoir. C'est justement dans la *Nuit de mai* que s'opère la conversion, le passage de Musset d'une poésie de « couleur locale », descriptive, écrite sous l'influence du romantisme allemand ou anglais, à une poésie plus intime capable de mettre en vers la souffrance personnelle du poète. La *Nuit de décembre* met en scène la pulsion autoscopique de Musset. Composé d'octosyllabes, le texte organise l'éternel retour d'un double du poète :

« Un jeune homme vêtu de noir,
Qui me ressemblait comme un frère ».

La *Nuit d'août* introduit le thème, cher à Musset, de la paresse du poète, qui se laisse distraire par la vie et les amours nouvelles. Enfin, la *Nuit d'octobre* revient sur la trahison des femmes, la déception du poète, que la muse renvoie à l'écriture, seul exutoire possible au chagrin, seul devoir du poète.

On rattache à ce cycle des *Nuits* la *Lettre à M. de Lamartine*, poème-hommage qui travaille la métaphore filée et cherche à retrouver autant la thématique lamartinienne que l'atmosphère de ses poèmes. Les *Stances à la Malibran*, déploration du décès de la fameuse chanteuse, qui prend la forme de 27 strophes de six octosyllabes, au jeu de rimes souvent irrégulier, adressées à la jeune artiste disparue, ainsi que le poème de *L'Espoir en Dieu* font partie de ce cycle. Ce dernier tente une nouvelle fois de répondre aux interrogations métaphysiques du poète. Suivent des pièces plus courtes ou plus légères, d'où se détachent le dialogue de *Dupont et Durand*, débat satirique entre deux romantiques ratés, et *Idylle* où, sous les noms de Rodolphe et Albert, deux jeunes gens comparent leurs conceptions de l'amour. Deux contes, *Silvia* et *Simone*, adaptés de Boccace*, retrouvent l'inspiration des *Contes d'Espagne et d'Italie*. Par ailleurs, le recueil compte nombre de pièces de circonstance, dédiées à la famille royale d'Orléans, aux amis ou aux amours du poète, ainsi que nombre de sonnets qui évoquent la Florence du XVIe siècle *(Le Fils du Titien)*, l'amour de Molière et des femmes de rencontre *(Une Soirée perdue)*, ou des textes consacrés à la littérature (Victor Hugo, Nodier, Leopardi). le recueil s'achève par un sonnet au lecteur où l'auteur revendique la simplicité et la légèreté de son inspiration.

La maturité du style

La première partie du recueil – principalement – se rattache indubitablement aux grands cycles poétiques de la période romantique. Dans *Rolla*, *Lettre à Lamartine* ou *L'Espoir en Dieu*, l'alexandrin règne en maître, et témoigne surtout d'un grand souci de régularité du rythme. La poésie fonctionne même parfois comme le véhicule de la réflexion. Cependant, le lecteur demeure frappé par la sobriété de ces poèmes de Musset.

Peu de coupes ou d'enjambements spectaculaires dans le poème inaugural, seul un travail de l'anaphore marque le souci du poète de donner à ses vers une certaine solennité. Les rimes, croisées ou embrassées en alternance irrégulière, traduisent, de la part de Musset, davantage le désir de faire part d'une réflexion que celui d'impressionner son lecteur. On peut comparer avec la virulence assez factice de *La Coupe et les Lèvres*, l'ironique invitation au plaisir de *Rolla* :

« Allons ! vive l'amour que l'ivresse accompagne !
Que tes baisers brûlants sentent le vin d'Espagne !
Que l'esprit du vertige et des bruyants repas
À l'ange du plaisir nous porte dans ses bras !
Allons ! chantons Bacchus, l'amour et la folie ! »

Le vocabulaire reste simple, les effets modérés, c'est d'abord le travail du rythme qui emporte ici le lecteur, plus que la recherche poétique.

De même, dans les *Nuits*, les alternances d'octosyllabes et d'alexandrins organisent le dialogue tout en lui conservant une indéniable souplesse. À la richesse métaphorique de la muse, répondent la puissance et le naturel du « je » du poète :

« Pourquoi mon cœur bat-il si vite ?
Qu'ai-je donc en moi qui s'agite
Dont je me sens épouvanté ? »

Par ailleurs, les trois parties distinctes qui composent la *Nuit de décembre* permettent de distinguer la vision autoscopique du poète (octosyllabes), l'interrogation qu'il adresse à la vision (alternance de décasyllabes et d'octosyllabes en rimes croisées, puis embrassées à l'intérieur de la strophe), et la réponse de la vision (sizains d'octosyllabes à rimes plates puis embrassées). Cette structure témoigne du perpétuel souci d'adapter la forme du texte à son sujet, sans jamais faire assaut de prouesses poétiques. Au contraire, Musset témoigne d'une sobriété dans le choix de ses effets qui le rattache aux grands poètes classiques. On en trouve la marque dans *Lucie*, une élégie qui s'inspire de la thématique du *Saule*, poème de la période précédente. Il n'est plus question d'Ossian, ni des landes battues par les vents, mais on trouve là le ton de la déploration la plus simple :

« Doux mystère du toit que l'innocence habite,
Chansons, rêves d'amour, rires, propos d'enfant,
Et toi, charme inconnu dont rien ne se défend,
Qui fit hésiter Faust au seuil de Marguerite,
Candeur des premiers jours, qu'êtes-vous devenus ? »

Dans la suite du recueil, le recours aux formes fixes, comme le sonnet ou le rondeau, célèbre les charmes de la poésie classique, d'une simplicité que l'on a pu revendiquer comme typiquement française.

Souvent, d'ailleurs, ces petites pièces courtes, écrites pour célébrer une femme, se souvenir d'un éphémère instant de séduction, recèlent l'essentiel du charme de l'œuvre poétique de Musset. Les personnages y vivent, qu'il s'agisse du « petit moinillon rose » rencontré au bal, ou de la jeune femme d'*Une soirée perdue* :

« Çà et là, toutefois, lorgnant la galerie,
Je vis que devant moi, se balançait gaiement
Sous une tresse noire, un cou svelte et charmant ;
Et voyant cet ébène enchâssé dans l'ivoire,
Un vers d'André Chénier chanta dans ma mémoire. »

On retrouve cette atmosphère dans l'éloge de la valse de *La Mi-carême* ou dans les spirituels *Conseils à une Parisienne*. De ces textes émanent une puissance suggestive, une capacité à donner vie aux personnages, aux moments, digne, par avance, du Verlaine des *Poèmes saturniens*, plus encore que de Lamartine dont le poète se réclame en 1836. C'est sans doute en ce sens que l'on peut interpréter le *Sonnet au lecteur* qui conclut l'édition des *Poésies complètes*. Musset n'y dit pas seulement le dégoût de son siècle, sa déception de voir que Lamartine, dédicataire de l'un des plus longs poèmes du recueil, continue à voir en lui l'enfant blond du romantisme et qu'il ne le considère pas comme un poète réellement mûr, mais aussi son refus d'un engagement politique direct. Le tercet final :

« Je veux, quand on m'a lu, qu'on puisse me relire.
Si deux noms, par hasard, s'embrouillent sur ma lyre,
Ce ne sera jamais que Ninette ou Ninon. »

exprime sans doute aussi la pleine conscience qu'a Musset des qualités réelles de sa poésie. Comme le remarque Philippe Soupault, c'est sans doute dans les petits textes galants, dans les poèmes de circonstance aussi, plus que dans les grands textes canoniques, que s'exprime le mieux le talent du poète.

Une poésie métaphysique

Avec les *Poésies nouvelles*, Musset aspire ostensiblement à l'obtention de ses « galons » de grand poète consacré.

Dès *Rolla*, et plus directement encore avec *L'Espoir en Dieu*, la préoccupation du poète se veut métaphysique : c'est le ciel qu'il interroge. On peut même considérer le personnage de Rolla comme un double sérieux de Mardoche mais, alors que l'un se console en voyage des malheurs du siècle, Rolla ne peut que s'interroger, mettre en accusation son temps, et le traitement que le siècle inflige à l'image de Dieu. Rolla, jeune homme du siècle, choisit de brûler sa fortune en trois ans, avant de se suicider. Le poème se situe au cours des derniers jours du personnage. Celui-ci passe la nuit avec Marion, une jeune prostituée. La regardant dormir, le poète voit en elle la pure jeune fille qu'elle fut, et qu'elle reste dans l'innocence du sommeil. On lit alors ces vers virulents :

« Pauvreté ! Pauvreté ! c'est toi la courtisane.
C'est toi qui dans ce lit a poussé cette enfant
Que la Grèce eût jeté sur l'autel de Diane !
Regarde, – elle a prié ce soir en s'endormant…
Prié ! – Qui donc, grand Dieu ! C'est toi qu'en cette vie
Il faut qu'à deux genoux elle conjure et prie ;
C'est toi qui chuchotant dans le souffle du vent,
Au milieu des sanglots d'une insomnie amère,
Est venu un beau soir murmurer à sa mère :
"Ta fille est belle et vierge, et tout cela se vend !" »

Un siècle matérialiste, un Dieu corrupteur, c'est ce que met en cause *Rolla*. C'est le sens de l'invocation à Voltaire contenue dans le même poème :

« Dors-tu content, Voltaire, et ton hideux sourire

Voltige-t-il encore sur tes os décharnés ? »,

appuyée, quelques vers plus loin, par la mise en cause par Musset de ses contemporains :

« Et que nous reste-t-il, à nous, les déicides ?

Pour qui travailliez-vous, démolisseurs stupides,

Lorsque vous disséquiez le Christ sur son autel ? »

On retrouve ici les accents du chapitre II de *La Confession d'un enfant du siècle* : le siècle a vidé le ciel et les églises, mais il n'a pu que laisser l'homme abandonné, orphelin de Dieu, sans espoir. Le geste de Rolla, enfant abandonné, s'inscrit dans ce climat général de désespoir sceptique.

L'Espoir en Dieu répond à Rolla : le texte décrit la quête métaphysique du poète, son parcours d'un auteur à l'autre, afin de trouver la foi. Le poème bruisse des échos de Zénon, d'Aristote, de Kant, mais aucun de ces philosophes ne permet réellement à l'auteur de rencontrer Dieu. Il écrit :

« Ah ! pauvres insensés, misérables cervelles,

Qui de tant de façons avez tout expliqué,

Pour aller jusqu'aux cieux il vous fallait des ailes ;

Vous aviez le désir, la foi vous a manqué. »

Le texte s'achève par une prière, écrite en octosyllabes, où Musset s'adresse à Dieu en le tutoyant, exprimant l'espoir de voir un jour la divinité touchée enfin par les plaintes simples et naïves des hommes, puis par leurs louanges. Une note enthousiaste conclut le poème :

« Et dans cet hosanna suprême,

Tu verras au bruit de nos chants,

S'enfuir le doute et le blasphème,

Tandis que la Mort elle-même

Y joindra ses derniers accents. »

Ce désir de voir enfin renaître une sorte de « foi du charbonnier » ne convainc cependant pas vraiment le lecteur. On sent, à l'intérieur même de cette prière finale, affleurer la contradiction. Sans cesse, le poète revient sur ses affirmations, sur ses désirs, et le texte semble comme écartelé, travaillé par le doute.

Par leur sujet, tout autant qu'à travers leur écriture, les poèmes métaphysiques de Musset mettent en question la relation de l'auteur avec le romantisme. Par essence, comme le constate Paul Bénichou, le romantisme entretient une relation d'harmonie avec Dieu. La beauté, l'ordre du monde, la course du temps, même l'inexorable de la mort mettent en évidence la présence divine. Le poète manifeste alors une confiance en Dieu qu'il veut absolue, voire parfois naïve. Le romantisme apparaît porteur d'un message messianique, d'une espérance véritable en l'avenir, qu'il s'agisse de la foi en un monde plus juste de Victor Hugo, ou de celle qui sous-tend l'engagement politique de Lamartine.

Dans une lettre à Aimée d'Alton, Musset désigne le texte de *L'Espoir en Dieu*, qu'il est en train de rédiger, par l'expression : « ces vers assommants ». Jamais Musset ne parviendra à trouver des accents de foi, d'espoir sincère. Sa poésie métaphysique restera toujours travaillée par le doute. On pense à certains passages du *Christ aux oliviers* de Nerval, ou aux textes les plus provocateurs de Baudelaire, que l'auteur des *Nuits* semble ici annoncer.

Les échos d'une vie

Plus encore que dans les *Premières poésies*, les *Poésies nouvelles* de Musset bruissent des échos de sa vie personnelle.

Le lecteur s'émeut de voir surgir, au détour d'une page, les souvenirs d'enfance et de jeunesse de Musset, ses amitiés littéraires, ses ambitions mondaines, sa famille même. La poésie de Musset s'adresse à ses proches, à son frère de retour d'Italie ; à Charles Nodier, en souvenir des soirées littéraires qu'il organisait à la bibliothèque de l'Arsenal ; à Victor Hugo, avec qui il désire se réconcilier ; et bien sûr à Alfred Tattet, prince des dandys de cette première moitié du XIXe siècle, présent, tout au long de sa vie, aux côtés de Musset. Celui-ci publie même, au sein de ce recueil, un échange doux-amer d'alexandrins qu'il entretint avec le critique Sainte-Beuve. Dans ces textes, le ton paraît familier, parfois même désinvolte, surtout lorsque Musset use, à l'égard du roi Louis-Philippe, d'un tutoiement à l'antique peu goûté par le destinataire, dans le sonnet *Au roi, après l'attentat de Meunier*. La vivacité, la grâce un peu mélancolique d'un poème comme *Le Mie prigioni*, écrit lors d'un bref séjour en prison du poète négligeant de ses devoirs envers la garde nationale, touchent le lecteur. Après une dizaine de quatrains de bravade, et la description pittoresque et curieuse des fresques et graffitis qui ornent les murs de la cellule, le poète interroge sa mélancolie :

« Lorsque tu railles ta misère
  D'un air moqueur
Tes amis, ta sœur et ta mère
  Sont dans ton cœur. »

Simplicité, sincérité du ton contrastent avec la vigueur parfois un peu empruntée des poésies de jeunesse. Le poète ne cherche plus à se cacher derrière ses textes, au contraire.

Mais les amis ne sont pas seuls présents dans la poésie de Musset ; les femmes, qui occupèrent l'essentiel du temps du poète, peuplent également ses vers.

Chacune des aventures du poète, et surtout, bien sûr, l'épisode George Sand, laisse une trace dans sa poésie. L'essentiel des *Nuits* se trouve consacré aux séquelles de cette douloureuse histoire. On la trouve certainement dans les imprécations prononcées par le poète de la *Nuit d'Octobre* :

« Honte à toi qui la première
M'a appris la trahison,
Et d'horreur et de colère,
M'as fait perdre la raison !
Honte à toi, femme à l'oeil sombre,
Dont les funestes amours
Ont enseveli dans l'ombre
Mon printemps et mes beaux jours ! »

Adoucie par le temps, cette passion tumultueuse occasionne également les stances attristées de *Souvenir*. Une promenade en forêt de Fontainebleau, puis une rencontre impromptue de George Sand dans les couloirs d'un théâtre motivèrent cette pièce qui compte parmi les élégies les plus fines de Musset. Le poète regarde ici sans amertume son aventure amoureuse :

« J'espérais bien pleurer, mais je croyais souffrir
En osant te revoir, place à jamais sacrée,
Ô la plus chère tombe et la plus ignorée
      Où dorme un souvenir ! [...]
Oui, jeune et belle encor, plus belle, osait-on-dire,
Je l'ai vue, et ses yeux brillaient comme autrefois.

Ses lèvres s'entrouvraient, et c'était un sourire,
  Et c'était une voix. [...]
Je me dis seulement : "À cette heure, en ce lieu,
Un jour je fus aimé, j'aimais, elle était belle.
J'enfouis ce trésor dans mon âme immortelle,
  Et je l'emporte à Dieu !" »

Des échos nous parviennent, certes, de *La Tristesse d'Olympio** plus encore que du *Lac* de Lamartine, autre grand poème du souvenir. Cependant, le texte respire aussi l'originalité de Musset, un travail tout de musique, de mélodie, plus que de recherche métaphorique. Il ne s'agit pas de produire des effets spectaculaires, mais de transcrire la mélancolie distillée par le lieu et le regard par hasard revu.

George Sand n'est pas la seule célébrée par les *Poésies nouvelles* ; on y rencontre la plupart des figures féminines qui traversent la biographie de Musset, de Madame Jaubert à la voisine de palier, que le poète regarde à travers ses rideaux. À elles toutes, elles composent une figure poétique féminine caractéristique de la poésie de l'auteur.

La relation à la femme reste, depuis la trahison initiale de Sand, ou peut-être celle d'une plus ancienne maîtresse encore qui fit du poète le « chandelier » d'une autre liaison, marquée par la méfiance, le pessimisme. Le dialogue d'*Idylle* rend compte parfaitement de ce mélange de sincérité, de naïveté, de foi dans l'amour, et de débauche qui caractérise la perception de l'amour par Musset. Le poète semble oublier dans le plaisir les tourments de l'amour. L'amour pur, sincère, n'intervient qu'aux portes de la mort : c'est le sujet même de *Silvia*, conte en vers où une jeune fille, dont le fiancé meurt subitement après avoir goûté une fleur, décide de prouver son innocence en mâchant à son tour la plante, afin de rejoindre dans la mort l'homme qu'elle aime. De même, Marion, la prostituée de *Rolla*, apprenant la ruine du héros, lui offre, pour le sauver du suicide, le seul collier dont elle dispose. Musset conclut ainsi son poème :

« Rolla lui répondit par un léger sourire.
Il prit un flacon noir qu'il vida sans rien dire ;
Puis, se penchant sur elle, il baisa son collier.
Quand elle souleva sa tête appesantie,
Ce n'était déjà plus qu'un être inanimé.
Dans ce chaste baiser, son âme était partie,
Et, pendant un moment, tous deux avaient aimé. »

Les êtres purs n'ont pas vraiment de place sur terre. C'est le message des *Stances à la Malibran*, qui voient dans la mort le seul accomplissement possible du destin de la chanteuse.

Avec les femmes de Musset, nous sommes loin de la pureté idéale de l'Elvire de Lamartine. La femme ne fait pas l'objet d'une adoration constante et magnifiée, pas plus qu'elle n'occupe l'emploi de muse, d'unique inspiratrice du poète. Lorsque, dans *Les Nuits*, ce dernier dialogue avec sa muse, il ne s'agit pas d'une maîtresse, mais d'une sorte de sœur, complice inquiète, incitatrice exigeante, déesse abandonnée. En aucun cas la femme ne génère le poème. Au mieux, elle le reçoit, s'en trouve désignée comme dédicataire. Encore sa présence dans les textes de Musset se trouve-t-elle le plus souvent liée à la souffrance, à la trahison.

Les souffrances du poète

Poète mondain, qui se revendique comme paresseux, fantaisiste, voire léger parfois, Musset cherche cependant dans les *Poésies nouvelles* à trouver la source, l'essence du travail poétique. Plus que dans l'observation de la vie, c'est dans la douleur que se cache la poésie. C'est ainsi qu'il faut comprendre l'exhortation de la muse de la *Nuit de mai* :

« Rien ne nous rend si grands qu'une grande douleur,
Mais, pour en être atteint, ne crois pas, ô poète,
Que ta voix ici-bas doive rester muette.
Les plus désespérés sont les chants les plus beaux,
Et j'en sais d'immortels qui sont de purs sanglots. »

D'ailleurs, cette idée se retrouve, en creux, dans la *Nuit d'août* où le poète, amoureux et joyeux, ne saurait écrire, et renvoie sa muse sans satisfaire ses exigences. La douleur ne fait pas de Musset un poète, mais c'est au fond de sa souffrance qu'il trouve sa poésie la plus pure : une conception romantique du travail poétique qui sera d'ailleurs partagée par tous les grands poètes du siècle, de Vigny à Verlaine. On trouve cette idée longuement développée dans l'allégorie du pélican de la *Nuit de mai* : le pélican, parti pêcher de quoi nourrir ses petits, ne trouve rien, et leur sert son propre corps en guise de festin :

« Pour toute nourriture il apporte son cœur.
Sombre et silencieux, étendu sur la pierre,

Partageant à ses fils ses entrailles de père,
Dans son amour sublime il berce sa douleur,
Et, regardant couler sa sanglante mamelle,
Sur son festin de mort il s'affaisse et chancelle,
Ivre de volupté, de tendresse et d'horreur. »

C'est une vision christique, et très littéraire, de la figure, de la fonction du poète, que développe l'essentiel des *Poésies nouvelles* de Musset. Dans l'allégorie du pélican, le poète parvient, en brossant un tableau qu'il veut saisissant, à frapper l'imagination du lecteur. Il ne s'agit pas seulement d'un sacrifice métaphorique, c'est de chair et de sang qu'il est question. En ce sens, on peut dire du poète, tel que Musset le définit, qu'il reprend un *topos** littéraire de son temps ; mais qu'il le renouvelle justement en mettant l'accent sur l'aspect charnel, matériel, de cette image. Il s'agit de l'exploiter dans sa matérialité même.

Musset ne se contente pas, d'ailleurs, de proposer une telle conception de l'inspiration poétique. Il travaille perpétuellement sur sa propre souffrance, comme il le note dans la *Lettre à Lamartine*, faisant allusion aux nuits de sa rupture avec George Sand :

« Lamartine, c'est là, dans cette rue obscure,
Assis sur une borne, au fond d'un carrefour,
Les deux mains sur mon cœur, et serrant ma blessure,
Et sentant y saigner un invincible amour ;
C'est là, dans cette nuit d'horreur et de détresse, […]
C'est là, le croiras-tu ? chaste et noble poète,
Que de tes chants divins je me suis souvenu ».

Cependant, Musset ne se contente pas de revenir éternellement sur la blessure infligée par la passion malheureuse qu'il éprouva pour Sand, il cherche, plus profondément encore, à exposer, à offrir presque, sa souffrance. C'est en travaillant notamment sur le dédoublement, sur ses propres pulsions autoscopiques – à l'origine de plusieurs nuits d'horreur décrites par George Sand – que Musset met en avant sa souffrance de poète. On en trouve les traces dans la *Nuit de décembre*, où le poète dialogue avec son ombre. C'est également, pour partie, le sujet de *Rolla*, où la jeune prostituée, Marie/Marion, offre au lecteur l'image d'un dédoublement proprement hallucinatoire :

« [...] Des femmes inconnues
Ont entr'ouvert la porte, – et d'autres, demi-nues,
Les cheveux en désordre, et se traînant aux murs,
Traversaient en sueur des corridors obscurs. [...]
Les verres se heurtaient sur la nappe rougie ;
La porte est retombée au bruit d'un rire affreux. «
À la vision calme et innocente de Marie, endormie dans l'inno-
cence, se superpose celles de la courtisane et des lieux d'orgie
que Musset fréquentait, sans illusion, à la fin de sa vie.

Poésies posthumes
ou non recueillies

On range sous ce titre un certain nombre de fragments, de
poésies de circonstance ou à usage intime, qui souvent ne
sont pas datés, retrouvés pour partie après la mort du poète.
Au premier rang de ces textes, on trouve le long poème intitulé *La Loi sur la presse*. Il s'agit, avec *Le Trois mai* et
Napoléon, de l'un des rares poèmes de Musset directement
engendrés par l'actualité politique. Tout en se défendant de
se mêler de politique, Musset s'en prend violemment à Thiers
(et indirectement à Louis-Philippe) qui, en 1835, décide de
faire adopter par le Parlement des lois destinées à restreindre
très sévèrement la liberté de la presse :
« Une charmante loi, pleine de convenance,
Qui couvre tous les seins que l'on ne saurait voir !
Vous pouvez tout écrire en toute confiance ;
Votre intention seule est ce qu'on veut savoir.
Rien que l'intention ! voyez quelle indulgence !
La loi flaire un écrit ; s'il sent mauvais, bonsoir. »
Le texte, qui renvoie notamment à Aristophane, ne manque
pas de vigueur, même si nous sommes très loin de la fougue
hugolienne. De même, le poème *Napoléon*, s'il manque par-
fois de souffle, nous instruit au moins sur les préférences
politiques de Musset, comme son frère le note, d'ailleurs,
dans la biographie qu'il lui a consacrée.

On trouve également, au nombre de ces fragments poétiques, des vers adressés aux femmes qui accompagnèrent la vie de Musset. On remarque, en parcourant ces poèmes, la présence de Madame Jaubert, celle de la princesse Belgiojoso (à qui est dédié *À une morte*), d'Aimée d'Alton, surtout, dédicataire d'un joli impromptu de 1837-1838 :

« Vois-tu ce vert sentier qui mène à la colline ?
Là, je t'embrasserai sous un clair firmament,
Et de la tiède nuit la lueur argentine
Sur tes contours divins flottera mollement ».

Mais le caractère un peu trop alambiqué du texte conduisit Musset à l'abandonner très vite.

Cependant c'est surtout la présence de Sand qui marque ces textes inédits. On peut s'amuser des *Stances burlesques à George Sand*, qui décrivent, sur un mode comique, la vie quotidienne dans l'appartement de l'auteur d'*Indiana*. On peut voir évoluer également la relation entre les deux écrivains, et découvrir parmi ces poèmes toute une série de sonnets qui délivrent comme un portrait « mouvant » des deux amants. Le lecteur découvre les projets de Musset :

« Et nous, vivons à l'ombre, ô ma belle maîtresse !
Faisons-nous des amours qui n'ont pas de vieillesse ;
Et qu'on dise de nous, quand nous mourrons tous deux :

Ils n'ont jamais connu la crainte ni l'envie ;
Voilà le sentier vert où, durant cette vie,
En se parlant tout bas, ils souriaient entre eux. »

À ce rêve de Philémon et Baucis* répond, la même année, un quatrain déjà plus amer et nostalgique :

« Toi qui me l'as appris, tu ne t'en souviens plus
De tout ce que mon cœur renfermait de tendresse,
Quand, dans la nuit profonde, ô ma belle maîtresse,
Je venais en pleurant tomber dans tes bras nus ! »

Puis, en 1835 :
« Va chercher d'autres lieux, toi qui fus ma patrie,
Va fleurir au soleil, ô ma belle chérie,
Fais riche un autre amour et souviens-toi du mien. »

Ces textes permettent au lecteur curieux de découvrir un Musset intime, insoucieux des contraintes de la publication, naturellement poète.

Tendre le plus souvent, le poète sait se montrer léger, joyeux, voire satirique souvent, lorsqu'il évoque les tourments de Buloz, directeur de la *Revue des deux mondes*, ou lorsqu'il rédige une désopilante *Revue romantique*. Musset y fait défiler chacune des figures du romantisme littéraire, y compris lui-même, et prend soin de ne ménager personne :

« Heureux l'homme innocent qui ripaille et qui fume
Lorsque Victor Hugo fait sonner dans la brume,
Les quatre pieds fourchus du cheval éreinté
Qui le porte en famille à l'immortalité ! »

Le Prosateur

La Confession d'un enfant du siècle (1835-1836)

Dès 1834, dans une lettre à George Sand, Musset manifeste le désir de raconter, sous forme romanesque, l'aventure de leur amour, afin de lui rendre justice. Il écrit : « Je voulais te bâtir un autel ». Dès le 15 septembre 1835, Musset fait paraître un fragment du récit dans la *Revue des deux mondes*, puis l'ouvrage entier est édité en librairie, en deux volumes, en 1836. Après la mort du poète, George Sand racontera à son tour cette aventure, de manière plus transparente, dans *Elle et lui*, en 1859. La même année, Paul de Musset lui répondra par *Lui et elle*.

RÉSUMÉ

Le roman comporte cinq parties, autant d'étapes de l'« éducation sentimentale » du héros : Octave. Dès les premiers chapitres, Octave découvre la trahison de sa maîtresse adorée. Après s'être livré, durant quelque temps, au plus sincère désespoir, il décide, sur les conseils de Desgenais, un ami aux allures de dandy désabusé, d'oublier dans la débauche la duplicité féminine. La mort brutale de son père, qu'il n'a pu revoir, marque le coup d'arrêt de cette période de licence. Lassé des femmes et de sa vie désordonnée, Octave retourne dans sa maison natale, pour y mener une existence ascétique, inspirée de celle de son père. Au cours d'une visite de charité, il rencontre une mystérieuse femme voilée, vêtue de noir, Brigitte Pierson, jeune veuve pieuse et effacée. Il en devient l'ami, l'amoureux transi, puis enfin l'amant sincèrement épris.

Jaloux, marqué par les années de débauche et la méfiance que lui ont inspiré ses premières expériences, Octave laisse bientôt le soupçon le disputer à l'amour. De plus en plus violentes, les scènes se succèdent, et poussent Brigitte à envisager le suicide. Dans son testament, loin d'accuser Octave, elle demande de prier pour lui. Touché, le jeune homme se repent, et décide de fuir la province avec madame Pierson. Ils iront en Suisse et, sur le chemin, s'arrêteront à Paris. La visite d'un ancien ami de la famille Pierson, Édouard Smith, change le cours de leur destin. Honnête et affectionné, il tente de persuader la jeune femme de renoncer au voyage, et de sauver sa réputation. Octave, qui perçoit la tendresse qui unit les personnages, cherche à mettre l'héroïne à l'épreuve, inventant sans cesse de nouvelles tortures. Ce n'est que par hasard qu'il découvre une lettre d'adieu, où Brigitte avoue à Édouard qu'elle l'aime, mais que, par devoir, elle part malgré tout avec Octave.

À la fin du roman, les deux héros se séparent : Octave renonce tendrement à Brigitte, préférant que « des trois êtres qui avaient souffert par sa faute, il ne reste qu'un seul malheureux ».

COMMENTAIRE

LE RÉCIT D'UNE EXPÉRIENCE

L'autobiographie : une apparence

Le titre de *Confession*, que Musset choisit à dessein, inscrit le roman dans la filiation des *Confessions* de Rousseau que Musset connaissait fort bien (son père est l'auteur du livre de référence sur le philosophe). Le projet de Musset est *a priori* clairement autobiographique. On retrouve, derrière les personnages du roman, Georges Sand, Pagello, médecin italien avec qui Sand termina l'aventure vénitienne commencée avec Musset, et même, sous les traits de Desgenais, libertin cynique et désabusé, on voit se dessiner ceux d'Alfred Tattet, jeune et richissime dandy de l'époque, ami intime du poète. Pourtant, *La Confession d'un enfant du siècle* ne constitue ni un roman « à clés », ni un simple récit de vie.

Une aventure de jeunesse

De fait, le premier chapitre, très court, écrit à la première personne du singulier, pourrait, comme l'avertissement au lecteur des *Confessions*, constituer une sorte de « pacte autobiographique ». Cependant, cette tentation se trouve rapidement déjouée, par le texte même de Musset : « Pour écrire l'histoire de sa vie », dit-il, « il faut d'abord avoir vécu ; aussi n'est-ce pas la mienne que j'écris ». Aussi aristocratiquement désinvolte, dans sa manière de s'adresser au lecteur, qu'il l'était dans la préface des *Contes d'Espagne et d'Italie*, Musset revendique ici pour son texte un statut : *La Confession d'un enfant du siècle* est un roman de jeune homme, destiné à la jeunesse, c'est aussi un acte salvateur. Par l'écriture, le narrateur espère se libérer de la douleur, quitte à « ronger [son] pied captif ».

Une expérience partagée

Née pour Octave de l'expérience de la passion, cette douleur se retrouve, selon le narrateur, chez d'autres « enfants du siècle ». En ce sens, *La Confession* s'apparente à un roman d'éducation. C'est pourquoi Musset s'applique, avec beaucoup de soin, à situer précisément le contexte de son roman dans le chapitre suivant, rédigé, lui, à la troisième personne.

UNE GÉNÉRATION PERDUE

Une vision du monde

Le chapitre II, comparable au sujet même du *Rouge et le noir* (partie I, chapitres V, XVII, etc), envisage la génération de 1830 comme une « génération perdue ». Sur elle plane l'ombre de l'héroïsme et de la grandeur napoléoniens, et la catastrophe de Waterloo. Aux rêves de gloire des pères répond, pour Stendhal, le rêve de puissance, d'ascension sociale par l'Église ou par l'argent des fils. L'Octave de *La Confession* y répond plutôt par un repli, un refuge dans la sphère de l'intime, qu'il s'agisse du libertinage ou de l'expérience de la passion.

Cependant, à la vision sociale de Stendhal, Musset oppose une conception plus ample de l'histoire, plus meurtrie aussi, qui se ressent des déceptions liées à « l'échec » de la révolution de 1830, et dont on retrouvera les échos dans *Lorenzaccio*. Sa vision embrasse tout le déroulement du siècle, depuis la « grande révolution » de 1789, et le conduit à dresser le tableau désabusé d'une société enfermée dans un ordre hypocrite et rigide, sans espoir de liberté, à jamais déçue par l'Église et sa collusion avec le pouvoir. Dans un style visionnaire, proche de celui de Michelet, Musset en appelle aux générations futures, celles pour qui il dit écrire, celles à qui, également, Octave laissera le soin de vivre dans le monde.

Un récit politique

En ce sens, le roman de Musset est plus politique que sentimental. Octave, l'enfant du siècle, n'a pas de place dans le monde de l'avenir, et Musset lui oppose Smith, jeune homme simple, pauvre, droit, méritant, digne enfin de Brigitte, et digne surtout de connaître une autre vie. D'ailleurs, quand il aborde le dernier chapitre du roman, Musset quitte la première personne de la confession, pour adopter la troisième personne du récit plus traditionnel. Ce choix marque bien sûr le détachement d'Octave, mais il rend aussi le héros absent au dénouement. Comme le personnage s'efface, quitte une société où il ne trouve pas de place, l'enfant du siècle Musset paraît se dissoudre dans le récit, disparaître totalement dès lors que s'achève son histoire avec Brigitte.

L'AMOUR, ENFANT DU SIÈCLE

La Confession ne se limite pas à proposer une vision historique du monde, elle inscrit dans l'Histoire la relation des hommes et des femmes qui fait le sujet du livre. Musset voit comme signe du siècle la séparation des hommes et des femmes. Il écrit : « Dans tous les salons de Paris, les hommes passèrent d'un côté et les femmes de l'autre ; et ainsi, les unes vêtues de blanc comme des fiancées, les autres vêtus de noir comme des orphelins, ils commencèrent à se mesurer des yeux ». La monarchie bourgeoise issue de la révolution de 1830 codifie à l'extrême les relations sociales, et à plus forte raison la relation entre les sexes. De la séparation naît le soupçon. La désillusion, maladie du siècle, rend incapable de croire à l'amour, à la candeur.

L'impossible amour

Dans le monde de Musset, l'amour constitue sans conteste la valeur suprême, « sainte et sublime ». Octave, Brigitte, Smith n'échappent pas plus que Perdican *(On ne badine pas avec l'amour)* et Coelio *(Les Caprices de Marianne)* à cette sanctification du sentiment (partie III, chapitre IX entre autres). En ce sens, *La Confession* apparaît comme un grand récit romantique. Si la première partie, dominée par le personnage de Desgenais, renvoie à l'univers de Byron, on retrouve aussi l'influence des romantiques allemands, et même de Lamartine, notamment lorsque Musset met en avant la relation entre l'amour et le sentiment de la nature. Les promenades de Brigitte dans les forêts, le désir des amants de gagner la nature suisse et de s'y dissoudre, même la déclaration d'amour dans les bois (partie III, chapitres IX et X) rappellent les accents de Goethe* ou de Senancour*.

Cependant, les héros du récit ne parviennent à vivre cet amour que sur le mode de la nostalgie des débuts (II, XI), comme si le doute, l'orgueil, le soupçon les empêchaient de s'abandonner. Dans la grande tradition des romans français depuis *La Princesse de Clèves*, Musset se livre à une étude psychologique très fine. Les intermittences du cœur, les crises de violence d'Octave sont observées (partie IV, chapitre VI) avec une précision d'entomologiste.

Étude préproustiennne de la jalousie (partie V, chapitre VI), *La Confession* joue à la fois d'une sacralisation parfois grandiloquente de la passion et d'une lucidité sur la relation amoureuse qui confine à la cruauté.

Les romans inachevés
(1833 et 1839)

Deux romans de Musset sont restés inachevés. Ils se présentent même comme de simples fragments.

Le Roman par lettres

En 1833, Musset entame un récit appelé *Le Roman par lettres* qui nous fut révélé en 1896. Les douze lettres s'éten-

dent sur une période, fictive, de deux mois. Il s'agit de la correspondance, écrite à une seule voix, qu'entretient un musicien, sur le point d'achever une tournée en Allemagne, avec
l'un de ses amis. Enlevé par une capricieuse princesse dont
il devient le prisonnier, le musicien en tarde pas à tomber
amoureux de la jeune fille.

À travers ces lettres, se dessine la figure de l'artiste, telle
que Musset aimera à la développer dans *André del Sarto*,
ou *Le Fils du Titien* : libre, cynique, mais aussi capable de
se laisser emporter par la passion, jusqu'à tout oublier pour
la princesse. On pense à *Fantasio*, à l'ironie d'Octave aussi.

Le Poète déchu

Le Poète déchu, en revanche, fut publié sous forme de
fragments par Paul de Musset, entre 1859 et 1866. Cette
œuvre fragmentaire fut composée en 1839, c'est-à-dire au
moment où Musset entamait lui-même sa déchéance. Un
poète, autrefois brillant, sans fortune mais sans souci, vivait
dans la fantaisie, le plaisir, la facilité à créer. Aujourd'hui,
ses romans à la mode, qui lui permettent de vivre, le plon-
gent dans le dégoût. Cette constatation déclenche toute une
série de réflexions sur le poète, son inspiration, la relation
qu'entretiennent, dans la carrière de Musset, la création et
le dilettantisme.

C'est en poète que Musset pense sa relation à la littérature. La distinction entre poésie et prose tourne à l'avantage
de la première, qui ne passe pas par l'entendement, mais
émane de la sensibilité : « Il faut au poète le jet de l'âme,
l'idée mère ; il s'y attache, et cependant peut-il se résoudre
à perdre le fruit de sa réflexion ? S'il n'y a que quatre lignes
à écrire, il faut donc que le reste y entre ; de là ce qu'on
nomme la poésie, c'est-à-dire ce qui fait penser. Dans tout
vers remarquable d'un vrai poète, il y a deux ou trois fois
plus que ce qui est dit […] ». Plus que par son écriture, parfois un peu lourde, c'est par l'analyse que Musset donne de
son propre travail, de sa relation à la littérature, que *Le Poète
déchu* revêt l'essentiel de sa valeur.

Les nouvelles (1837-1838)

C'est à partir de 1837, lorsque se tarit quelque peu l'inspiration de son théâtre et de ses poèmes, que Musset se lance dans la rédaction de nouvelles. Publiées entre 1837 et 1838 dans la *Revue des deux mondes*, ces nouvelles empruntent le plus souvent leur sujet à la vie personnelle de l'auteur. Les souvenirs biographiques, qui peuvent parfois se réduire à des atmosphères, des ambiances de campagne, donnent à ces textes un ton familier, souvent léger, que les lecteurs du temps ne manquèrent pas d'apprécier.

DESCRIPTIF

Emmeline et *Les Deux maîtresses* constituent les deux premiers récits en prose composés par Musset. Le premier s'inspire directement de son aventure avec Madame Jaubert, qu'il nomme Ninon dans ses poèmes, et dont il donne dans la nouvelle un portrait intéressant, riche et vivant. Avec *Les Deux maîtresses*, c'est plutôt à un essai d'autoportrait que se livre Musset. Le personnage de Valentin, amoureux en même temps d'une marquise et d'une jeune et modeste veuve, renvoie au héros de *Il ne faut jurer de rien*, et rappelle, par bien des aspects, les multiples amours de Musset, à la fois bien introduit dans la meilleure société de son temps et amateur de grisettes, de jeunes femmes simples, et dépourvu lui-même de fortune personnelle.

Le Fils du Titien propose au lecteur le portrait d'un peintre dévoré par l'amour d'une jeune femme, Béatrice Donato ; pour elle, il peindra son meilleur tableau, puis choisira d'abandonner la peinture.

Frédéric et Bernerette trouve sa source dans une histoire d'amour entre Musset et une jeune actrice, Louise Lebrun, et conduit le lecteur au cœur de la jeunesse du XIXᵉ siècle.

Enfin, *Croisilles* et *Margot* nous ramènent au siècle précédent. Dans la première, un jeune homme ruiné, amoureux de la fille d'un fermier général, frôle la mort, avant de parvenir à piquer la curiosité de la jeune fille, puis à déclencher son amour. Dans la seconde, Margot, une jeune paysanne, devient dame de compagnie de sa marraine, à Paris, et ne tarde pas à vivre une éprouvante passion pour le fils de sa bienfaitrice. Elle sera sauvée par l'amour d'un jeune gardien de dindons qui, à la campagne, avait été son protégé.

COMMENTAIRE

Un souffle de vie

Musset avoue, tout au long de sa correspondance, un désintérêt total pour la prose et, plus encore que pour le roman, pour ces nouvelles et contes qu'il devait produire pour tenir ses engagements à l'égard de la *Revue des deux mondes*, et tout simplement pour gagner sa vie. Ce qui lui paraissait un gaspillage de temps et de talent contribua assez largement à le faire passer à la postérité. À travers ces textes, pour la plupart assez longs pour des nouvelles, Musset organise une petite comédie humaine qui touche le lecteur par sa vivacité et sa présence. Honoré de Balzac aimait particulièrement *Emmeline* et *Frédéric et Bernerette*. Associés aux *Deux maîtresses*, ces textes nous livrent une sorte d'instantané de la jeunesse dans la première moitié du XIXe siècle. Jeunes gens désoeuvrés, étudiants sans fortune, ou jeunes dandys lancés dans la société à la mode, grisettes, marquises en quête d'un souffle au cœur, chacun des personnages semble jaillir du récit. L'économie de la narration, ses différentes péripéties, ne constituent pas la préoccupation principale de l'auteur. Il est plutôt question de proposer au lecteur une série de portraits : ceux de personnages, ceux d'une époque aussi. Ainsi, on peut voir dans *Emmeline* une sorte de pendant à *La Femme de trente ans* de Balzac. Plus que l'auteur de *La Comédie humaine*, Musset y fait preuve d'une remarquable finesse psychologique, dont on retrouve les traces dans la description de la naissance de l'amour, qui vient frapper le cœur de Margot dans la nouvelle du même nom, ou dans l'analyse des jeux de l'orgueil et de la tendresse dans l'esprit de Mademoiselle Godeau, l'héroïne de *Croisilles*.

La présence de Musset

Ce n'est pas le moindre intérêt des nouvelles de Musset que de nous permettre de retrouver le personnage de l'auteur, d'y lire à la fois les événements de sa vie et surtout sa relation à l'art. Inconstance, incapacité à choisir l'objet de son amour, tel est le sujet des *Deux maîtresses*. Musset l'infidèle, capable de disparitions qui agaçaient ses maîtresses et inquiétaient ses amis, très vite ennuyé par la quiétude de l'amour, ressemble à Valentin, si amoureux de l'amour qu'il ne parvient pas, jusqu'à la fin du texte, à choisir entre deux femmes, qu'il aime autant pour leurs différences sociales que pour leur ressemblance physique. Éternel héros d'une éternelle jeunesse, Musset ne parvient pas à faire vieillir ses héros : le mariage de Frédéric, l'épilogue de *Margot* se présentent moins comme d'heureux dénouements que comme une concession à la nécessité de « faire une fin ».

Mais les nouvelles de Musset ne proposent pas seulement un abrégé des aventures amoureuses du jeune homme, elles offrent également au lecteur un étonnant « portrait de l'artiste en jeune peintre ». Avec *Le Fils du Titien*, Musset s'interroge sur sa propre relation à l'art, sur la question du talent. Doté d'un étonnant talent naturel, Pippo, le fils du Titien, au lieu de peindre, consacre toutes ses soirées à Béatrice Donato, à ses amis, à la douceur de vivre à Venise, à la paresse. Béatrice pousse le jeune Pippo à reprendre l'héritage de son père. Pippo refuse de faire de Béatrice une nouvelle Fornarine* et de mourir d'épuisement dans les bras d'une maîtresse qu'il n'aura pas eu le temps d'aimer. Comme Pippo, Musset se trouve tiraillé entre l'écriture et la vie, et capable, le plus souvent, de choisir la vie. Cette nouvelle rejoint la thématique des *Nuits*, et l'éloge de la paresse que Musset adressa à Buloz dans son second recueil de poésie. Il ne s'agit pas seulement de nonchalance, de répugnance à travailler, c'est du statut de l'artiste qu'il est question. Chez Musset, le dilettantisme ne relève pas seulement d'une pose personnelle, il convient d'y voir une posture d'écriture, qui le conduit souvent à s'exprimer par des poésies légères, à achever une œuvre sur une pirouette, voire à laisser nombre de textes à l'état de fragments. La relation de Musset avec son lecteur relève réellement de la désinvolture aristocratique, c'est ce que montre bien *Le Fils du Titien*.

Écriture et distanciation

Dans la biographie qu'il consacra à son frère, Paul de Musset fait allusion à une amitié avec Stendhal qui aurait inspiré à Alfred les *Lettres de Dupuis et Cotonnet*. Les traces de cette influence se retrouvent également dans le traitement des nouvelles. Sans cesse, Musset joue avec ses personnages. Directement ou indirectement, il s'adresse au lecteur, à travers, dans *Emmeline* par exemple, une interlocutrice fictive, ce qui lui permet d'introduire des questionnements sur le comportement de l'héroïne. Ce type de procédé met en avant l'arbitraire du personnage de roman ou de récit. Musset parvient à la fois à faire fonctionner les mécanismes de la fiction, et à les démystifier. On retrouve ce procédé, avec une adresse directe au lecteur, au moment du dénouement de l'intrigue des *Deux maîtresses* : « Je vous avais dit, en commençant ce conte, que Valentin avait une mère qu'il aimait tendrement. Elle entra dans sa chambre tandis qu'il était plongé dans ses pensées ». L'entrée en scène de la mère, pour artificielle qu'elle soit, permet de sortir le conte de l'impasse. En ce sens, Musset, pas plus que Stendhal, ne prend soin de ménager la vraisemblance, la progressivité de ses dénouements. Retrouvant la désinvolture aristocratique qu'il professe, Musset ôte la « vie » à ses personnages comme il la leur a donnée : arbitrairement. C'est sans doute par cette position du narrateur que les nouvelles de Musset déclenchèrent l'enthousiasme de Balzac : il qualifia *Emmeline* de chef-d'œuvre de la « nouvelle moderne ».

Les contes (1842-1853)

Entre 1842 et 1853, Musset écrivit pour *Le Constitutionnel*, *Le Journal des débats* et *Le Moniteur universel* des contes qui ne témoignent pas toujours de la puissance de son inspiration personnelle, mais contribuent, malgré la commande qui présida à leur composition, à faire comprendre le charme de l'écrivain.

Pierre et Camille

Deux de ces contes : *La Mouche* et *Pierre et Camille* se situent au XVIIIe siècle. Le second, consacré à l'enfance d'une jeune fille sourde et muette, frappe surtout par l'originalité du propos, la finesse de la description psychologique du personnage de Camille et de son entourage, et surtout par ce sens du drame qui, dans les pièces de théâtre, constituait l'une des caractéristiques du talent de Musset. Les événements dramatiques de la nouvelle, son dénouement pour lequel l'auteur ménage un effet de suspense, nous sont livrés en quelques phrases. Le texte relève du pathétique, au sens où pouvait l'entendre le XVIIIe siècle ; mais pour exprimer ce pathétique, Musset ne recourt pas aux excès de vocabulaire, à l'enflure du style. Au contraire, c'est par sa sobriété qu'il parvient à émouvoir.

La Mouche

La Mouche, dont l'action se situe à la cour de Louis XV et met en scène Madame de Pompadour, constitue une nouvelle occasion de rendre hommage à ces auteurs du XVIIIe siècle où Musset puisa souvent l'inspiration de ses « proverbes ». Galanterie de ton, intrigues d'alcôve, dénouement au bal de l'Opéra, nous voilà bien près de Crébillon, voire de certains contes de Diderot.

Le Secret de Javotte

Le Secret de Javotte constitue le plus important des contes de Musset. Cette histoire d'amour contrarié par une affaire d'honneur qui aura finalement raison du héros, ramène le lecteur aux années 1830. L'action et son développement paraissent annoncer certains contes de Maupassant, où le destin s'acharne, comme par mégarde, sur les personnages. La nouvelle vaut surtout pour le double portrait qu'elle livre des héroïnes de l'action : Madame de Vernage et Javotte la grisette. Séductrice avisée sous les dehors les plus modestes et les plus chastes, Madame de Vernage parvient non seulement à provoquer la passion de Pierre de Berville, mais elle convient avec lui de signes et de rendez-vous secrets. Impitoyable, elle saura aussi se moquer du héros, piétiner avec légèreté ses scrupules et même son amour. Cette même légèreté se retrouve chez Javotte, la grisette devenue une mondaine lancée, puis chanteuse dans les chœurs de l'Opéra. Une étourderie, un oubli d'une nuit causera la mort du personnage masculin, tandis que les deux femmes, expertes, perfides et désinvoltes, sont présentées par le récit comme des assassins en gants de velours. On retrouve là toute l'ambivalence de la vision des femmes développée par les œuvres de Musset : indispensable et traîtresse, mélange d'innocence et de rouerie, la femme est la malédiction du poète.

Mimi Pinson

Le conte constitue une sorte de portrait de la grisette. Insouciante et généreuse, pure autant que rouée, le personnage semble séduire l'auteur par son ambiguïté. On peut dire de *Mimi Pinson* qu'il constitue le revers du camée de Javotte, une version rose du récit autant que des personnages. On trouvera des échos de ce monde des grisettes et des étudiants dans les *Scènes de la vie de bohème* de Murger, parues en 1848, qui devaient inspirer Puccini pour son opéra. On peut dire qu'avec *Mimi Pinson*, Musset fixe les traits d'un type littéraire et dramatique caractéristique du XIXe siècle.

L'Histoire d'un merle blanc

Ici, Musset propose une allégorie du poète, animal déclassé, rejeté par sa famille, qui cherche partout l'âme sœur. La recherche du merle offre à Musset l'occasion de faire parcourir à son oiseau un paysage qui ressemble fort à la république des lettres de son temps. Le vieux perroquet poète Kacatogan renvoie certainement à Victor Hugo et la prolifique merlette épousée par l'oiseau ressemble trait pour trait à George Sand, réputée pour son exceptionnelle productivité littéraire. Cette fantaisie permet cependant à Musset de renouveler sa définition personnelle de l'isolement poétique. Comme le merle, le poète n'a pas de place dans le monde.

Les frères Van Buck

Ce conte, écrit à la fin de la vie de Musset, où deux jeunes orfèvres, amoureux de la même jeune fille, finissent par s'entretuer pour elle, ressemble plus à une esquisse qu'à un conte, mais on y retrouve la capacité de l'auteur à manier le pathétique, à faire surgir le tragique au cœur d'une situation qui rejoint celle du drame bourgeois.

LE DRAMATURGE

Un « spectacle dans un fauteuil »

Le théâtre constitue, du moins pour la postérité, la part la plus importante de l'œuvre de Musset. La majeure partie de ce théâtre, publié dans la *Revue des deux mondes* et destiné à la lecture, fut écrite entre 1832 et 1836, à l'exception de quelques « proverbes » du *Chandelier* et de *Barberine*, pièces de la fin de la vie de Musset. Il faut distinguer l'ensemble des *Comédies et proverbes* du drame imposant et énigmatique qu'est *Lorenzaccio*. Dès la première pièce : *La Nuit vénitienne*, Musset donne le ton de son théâtre, où le rire se teinte souvent de mélancolie, où le drame s'atténue dans la douceur, pour laisser parfois place à la gaieté. Ainsi, Razetta, héros de *La Nuit vénitienne*, ne cesse d'affirmer que son destin, sa vie même, sont liés au choix de Laurette, à sa décision de partir avec lui. Quand elle s'abandonne à la séduction du prince d'Eysenach, le héros, désespéré, décide de rejoindre ses amis, et de retrouver la débauche des nuits vénitiennes dont il était un habitué avant sa rencontre avec Laurette.

De même, *Fantasio*, qui pose, dans le théâtre de Musset, le personnage qui inspira l'Octave des *Caprices*, à la fois fantaisiste joyeux et mélancolique – caractère que Musset considère comme proche de ce qu'il était dans la vie –, oscille entre drame et bouffonnerie. Le jeune Fantasio, aristocrate désœuvré, se fait bouffon du roi. Amoureux de la princesse Elsbeth, il tente de la dissuader d'épouser le ridicule prince de Mantoue, dont il se moque à plaisir, jusqu'à provoquer un incident diplomatique et le retour du prince dans sa cour. Fantasio, fauteur de troubles, est aussi fauteur d'amour. Cependant, le noble endetté déguisé en bouffon, tendre et farceur, aussi gai que blasé, aura servi à sauver la princesse, c'est tout. On ne peut parler d'espoir à la fin de la pièce, le héros recommence sa vie de funambule. Mais, à l'inverse d'Octave, la gaieté de Fantasio ne s'éteint pas, et le dénouement de la pièce ne change pas le personnage.

Divers, parfois léger, le théâtre de Musset parvient, seul de son siècle, à combiner la tradition française depuis Marivaux et les *Proverbes* de Carmontelle, et l'apport shakespearien. Loin des outrances et des effets spectaculaires du drame hugolien, Musset arrive à manier avec profondeur le mélange des genres. Même dans un drame comme *André del Sarto*, où l'on perçoit nettement l'influence hugolienne, se manifeste l'indépendance d'esprit de Musset. Le poète prend plaisir à suggérer le monde artistique et politique de la Renaissance italienne. Un important travail d'évocation de la « couleur locale » conduit le spectateur jusque dans l'atelier du peintre. Pas de grandiloquence, mais un travail subtil sur la jalousie, la douleur du personnage, sa violence, son sacrifice enfin. Même le suicide final de Sarto est évoqué discrètement, dans une sorte de litote, par la formule : « La veuve d'André del Sarto peut épouser Cordiani ».

En observateur du monde, et des femmes, Musset donne à ses personnages une complexité, une épaisseur psychologiques qui sont sans doute à l'origine de leur pérennité.

L'une des caractéristiques essentielles du théâtre de Musset tient au titre qui regroupe ses pièces : *Spectacle dans un fauteuil*. La légende veut que le public ait copieusement sifflé sa première pièce, *La Nuit vénitienne*. L'actrice qui se serait approchée trop près du décor peint en vert, aurait porté sur sa robe blanche des traces de peinture qui amusaient les spectateurs même aux moments les plus émouvants de la pièce. Musset, à la suite de cet incident, aurait décidé de ne plus faire représenter son théâtre, mais de le donner à lire.

L'anecdote est plaisante, mais elle ne saurait suffire à faire comprendre ce qu'il convient d'interpréter comme un véritable choix littéraire. Voire dramatique. Le goût du public de l'époque, qui le conduit à apprécier le drame romantique illustré principalement par Hugo et Alexandre Dumas, ou le mélodrame qui permet de remplir les théâtres des grands boulevards, s'est sans doute trouvé un peu dérouté par les pièces de Musset. Le dramaturge n'est pas vraiment romantique, sans pour autant faire preuve de classicisme. Il réconcilie véritablement Racine et Shakespeare, sans trouver pour autant un public parmi ses contemporains.

Par ailleurs, les contraintes de la représentation, en ce début du XIXe siècle, constituaient une entrave considérable pour la créativité de Musset. Comment représenter le chœur d'*On ne badine pas avec l'amour*, ou le décor complexe de *Barberine* ? De même, la liberté de déplacement des personnages de *Lorenzaccio*, les perpétuels changements de décors, la présence sur scène de cent figurants au cours du dîner chez Philippe Strozzi, représentent un véritable obstacle à la représentation. Or, c'est justement parce qu'il ne se préoccupe jamais des contraintes de la scène que le théâtre de Musset se prête, surtout depuis le début du XXe siècle, à toutes les recherches de mise en scène.

Les Caprices de Marianne (1833)

Publiés pour la première fois dans la *Revue des deux mondes*, le 15 mai 1833, *Les Caprices de Marianne* constituent l'une des premières grandes comédies de Musset. La pièce fut reprise en recueil en 1834, dans le tome I du *Spectacle dans un fauteuil*. Par la suite, Musset proposa de nombreuses modifications de la pièce, en vue de sa représentation. En effet, à partir de 1851, la censure jugea la pièce indécente. Musset accentua alors le rôle de Coelio, gomma l'audace de certaines métaphores, ainsi que la vigueur du personnage de Marianne. Le commentaire porte cependant sur la première version, plus dynamique, plus vive, et dotée d'une puissance dramatique supérieure. C'est la version qui sert de base aux représentations depuis la fin du XIXe siècle.

RÉSUMÉ

La scène est à Naples. La jeune et belle Marianne est l'épouse fidèle et pieuse du vieux juge Claudio, personnage ridicule. Coelio, jeune homme sérieux, un peu mélancolique, est amoureux d'elle. Faute de pouvoir l'aborder, il recourt aux services de son ami Octave. Octave, le cousin de Marianne, toujours ivre de femmes et de vin de Naples, accepte de s'entremettre, et aborde Marianne. Trois entretiens, véritables joutes amoureuses et rhétoriques, opposent Marianne et Octave au cours des deux actes des *Caprices*. Cependant, les soupçons de Claudio, exprimés dès le début de la pièce, le conduisent à tendre une embuscade à l'amant de Marianne. Celle-ci, vexée par la jalousie de son mari et attirée par Octave, décide alors de prendre un amant. Elle recevra dans sa chambre, à la nuit tombée, le porteur d'une écharpe qu'elle donne à Octave. Celui-ci s'empresse de faire profiter son ami de cette chance. Le quiproquo finit par jeter Coelio, dans un dernier sacrifice, sous la dague du mari jaloux. Devant l'urne funéraire de Coelio, Octave et Marianne se retrouvent une dernière fois ; l'héroïne avoue alors au jeune homme l'amour qu'elle lui porte. Il part.

COMMENTAIRE

Le mélange des genres

C'est Victor Hugo qui, en 1827, définit le mélange des genres dans la *Préface* de son drame *Cromwell*. Comme la vie, le drame doit mélanger le sublime et le grotesque. Hugo, cependant, n'appliquera jamais réellement le mélange des genres, sinon – justement – de manière assez maladroite, dans *Cromwell*. Musset, en revanche, qui connaissait bien Shakespeare – l'examen de sa bibliothèque révéla la présence des œuvres de Shakespeare en langue originale – s'employa à véritablement mettre en œuvre cette notion, à imbriquer étroitement le comique et le tragique, jusqu'à suggérer une atmosphère mélancolique.

Au parallélisme comique qui oppose Octave et Coelio, au cours de leur première rencontre (scène I), répond le caractère bouffon de la présentation de Claudio, personnage dans la veine de la *commedia dell'arte*. De même, Tibia, comparse de Claudio, et Ciuta, l'entremetteuse à qui s'adresse d'abord Coelio, constituent des personnages, typés à grands traits, caractéristiques de la comédie bouffe, voire de la farce. Pourtant, les trois héros et leur évolution tout au long de ces deux actes révèlent une finesse d'analyse telle qu'on peut la trouver dans *La Nuit des rois* de Shakespeare notamment. La thématique de la pièce de Musset, qui met en scène une jeune femme amoureuse du messager venu lui faire la cour d'un autre, se retrouve dans la pièce de Shakespeare.

Des « caprices » pour rire

Musset cherche à amuser le spectateur. La situation des *Caprices* relève du vaudeville, et le quiproquo final pourrait également se trouver – n'était son dénouement tragique – dans une pièce de Labiche*. Les dialogues-duels entre Octave et Marianne déclenchent, dès que l'un des héros parvient à retourner à son profit les arguments de l'autre, les rires du parterre. Chacun des personnages de la pièce, à l'exception de Coelio et de sa mère Hermia, peut présenter au public une face comique et une face tragique. Claudio, juge ridicule et caricatural, se révèlera menaçant et dangereux, au point de devenir un assassin à la fin de la pièce. Octave, présenté avec « un pied de rouge sur les joues » (acte I, scène I), dans un costume de carnaval, capable de mots brillants, de réparties cinglantes lorsqu'il s'entretient, par exemple, avec Claudio (acte II, scène I), se montrera mélancolique, sombre, désabusé à la fin de la pièce. Même au cours de ses entretiens les plus brillants avec Marianne, le cynisme, le désenchantement percent sous le talent comique du personnage. Même l'austère Marianne, au cours de la scène I de l'acte II, parvient, par ses adroites comparaisons entre le vin et les femmes, à mettre Octave aux abois, voire à faire sourire le spectateur. De même, la naïveté de la jeune femme, lorsqu'elle annonce à Octave son intention de prendre un amant (acte II, scène III) et lui laisse entendre qu'il pourrait bien être l'élu de son cœur, prête à sourire.

Une atmosphère mélancolique

Cependant, bien avant les répliques finales, le spectateur ne peut manquer de ressentir vivement la mélancolie qui imprègne l'ensemble de l'œuvre. *Les Caprices de Marianne* constituent la pièce sur la jeunesse par excellence, qu'il s'agisse des corps ou des sentiments. Tout y paraît neuf. Coelio et Marianne découvrent l'amour, Octave vit encore, comme le héros de *La Nuit vénitienne*, dans la fantaisie insouciante de son jeune âge. Même l'orgueil de l'héroïne respire la naïveté, l'inexpérience. Pourtant, alors que tout devrait paraître possible, la pièce porte comme une nostalgie de la jeunesse, de l'insouciance, qu'illustre parfaitement l'adieu d'Octave, au cours de la dernière scène. Si Musset nous parle ici de la liberté de l'existence, c'est au passé, avec en permanence un regret qui ne correspond pas à l'âge supposé de ses personnages. À peine quelques tirades, deux actes de conversation, une mort de hasard, et la jeunesse des héros s'est enfuie à jamais. C'est incontestablement à travers *Les Caprices de Marianne* que l'on perçoit le mieux le pessimisme mélancolique de Musset, qui donne, par contraste, beaucoup de prix à ses élans de comédie pure. En ce sens, Musset se présente comme un orfèvre du mélange des genres : il n'organise pas l'alternance du rire et des larmes, mais parvient toujours à les mêler intimement, pour les personnages comme pour les spectateurs.

Le monde comme une scène

Écrite pour la lecture, pour la quiétude du « fauteuil », la pièce rejoint pourtant, dans l'un de ses traits les plus caractéristiques, les plus grandes œuvres écrites pour la scène : l'œuvre se présente en effet à la fois comme une pièce de théâtre, et comme une réflexion sur le théâtre. C'est d'ailleurs en cela qu'elle nous ramène à l'univers de Shakespeare.

Dès la scène I, que Musset situe pendant le carnaval, les personnages avancent masqués. Coelio porte sur son visage les marques de sa tristesse, Octave le maquillage du libertin. Marianne elle-même se coule dans le personnage de l'épouse fidèle et dévote, comme pour mieux laisser paraître un cœur avide d'aimer. Même Claudio, juge ridicule, personnage à la Daumier*, se révèlera capable d'assassiner froidement un rival supposé. Le véritable sujet des *Caprices*, au-delà du marivaudage tragique, des méprises de la parole, pourrait bien être le théâtre. Tout le drame tient en effet dans le jeu du masque et de la personne, auquel les personnages s'abusent eux-mêmes. Cette préoccupation, qui rejoint la thématique du double, se révèle tout particulièrement à la fin de la pièce, lorsque Octave nomme Coelio « la meilleure partie de [lui]-même ». Elle constituera le sujet véritable de la plupart des textes de Musset.

Le plaisir des mots

L'une des plus reconnues, et des plus représentées parmi les pièces du jeune Musset, *Les Caprices de Marianne*, par leur sujet même, donnent lieu à un déploiement d'effets rhétoriques qui illustrent bien l'usage de la langue de notre auteur – qu'il s'agisse d'ailleurs de produire des effets comiques, ou de travailler dans un registre plus dramatique.

La drôlerie des *Caprices* tient souvent à ce que l'on a coutume d'appeler le comique de mots. Octave et Claudio se révèlent, au long de la pièce, maîtres dans cet art. Ainsi, la conversation entre Claudio et Tibia (acte I, scène III), donne un bon exemple de cet usage de la langue. Les deux personnages se lancent dans des considérations sur le chant, au sujet des sérénades que Coelio fait donner à Marianne, avant de faire dériver cette conversation entre le mari outragé et l'exécuteur de ses basses œuvres sur les femmes des principaux magistrats et leurs amants. Où l'on apprend que le spadassin qui doit le soir même tendre une embuscade à l'amant supposé de Marianne est l'amant de la femme du greffier. Sans cesse, ils oublient le sujet de leur conversation, et un mot les conduit à la limite de l'absurde.

On trouve une intéressante illustration de ce talent dans le personnage d'Octave. Son sens de la répartie, du parallélisme des répliques, lorsqu'il rencontre Coelio, au cours de la première scène de la pièce, les métaphores amusantes auxquelles il recourt (« Il y a une grande différence entre mon auguste famille et une botte d'asperges ») laissaient attendre un homme d'esprit. Le spectateur aura droit, au cours de la première scène de l'acte II, à un véritable festival de mots d'esprit. La conversation entre Octave et Claudio, où les deux personnages rivalisent d'insultes originales, qu'ils semblent inventer sur le vif, mérite de figurer parmi les annales du comique verbal.

Une rhétorique de la passion

Mais c'est surtout lorsqu'il s'agit d'amour que Musset déploie les mille secrets de son art. Coelio, ou sa mère Hermia, Octave, Marianne, chacun des personnages emploie son propre vocabulaire, recourt à son propre réseau d'images, pour définir ses sentiments, ou, pour Coelio, ceux de son champion. La langue de Coelio est douce, tendre, riche d'adjectifs nobles pour décrire son amour pour Marianne, ou (acte I, scène II) pour s'adresser à sa mère (« Sous ces cheveux argentés qui ombragent votre noble front, sous ce long manteau qui vous couvre, l'oeil reconnaît encore le port majestueux d'une reine »).

Octave, surtout, se révèle un parfait avocat de l'amour. Plutôt que d'avoir recours aux ruses d'entremetteuse ou aux concerts, il emploiera ses talents d'orateur à convaincre Marianne de renoncer à la vertu. Lors de sa première rencontre avec la jeune femme, il aiguise sa curiosité. Par un jeu de métaphores, il évoque l'amour, sans vouloir prononcer son nom, puis déclare : « Que celui qui est digne de le prononcer vous le dise, que les rêves de vos nuits, que ces orangers verts, cette fraîche cascade vous l'apprennent, que vous puissiez le chercher un beau soir, vous le trouverez sur vos lèvres ; son nom n'existe pas sans lui ». Le modèle de cette déclaration est celui de l'énigme, de la charade, du jeu de salon pratiqué avec un raffinement et une élégance de nature à plaire au personnage de Marianne.

La seconde conversation des héros (acte II, scène I) porte sur la vertu des femmes, et le prix de leur reddition. Octave, à la terrasse d'une auberge, boit un flacon de lacryma-christi. Les deux héros fileront, tout au long de la scène, une comparaison, à la fois ingénieuse et drôle, entre les femmes et le vin. Ce n'est que difficilement, d'ailleurs, qu'Octave parviendra à trouver l'argument qui fera taire Marianne : la vigne se donne à tout le monde. Il déclare pour conclure : « Elle sait qu'elle est bonne à boire et qu'elle est faite pour être bue. Dieu n'en a pas caché la source au sommet d'un pic inabordable, au fond d'une caverne profonde : il l'a suspendue en grappes dorées au bord de nos chemins ; elle y fait le métier des courtisanes, elle y effleure la main du passant ; elle y étale au soleil sa gorge rebondie, et toute une cour d'abeilles et de frelons murmure autour d'elle matin et soir ». Musset n'hésite pas à exploiter autant que possible la métaphore.

Jusqu'à l'excès parfois, Musset déploie, pour *Les Caprices de Marianne*, toutes les facettes de son talent de jeune écrivain romantique. Véhémence des personnages, profusion des images, outrance des adjectifs parfois, l'ensemble procure néanmoins au spectateur une impression de richesse et de puissance de l'écriture, uniques dans cette période du théâtre français.

On ne badine pas
avec l'amour (1834)

Écrit par Musset juste après son retour de Venise, le proverbe *On ne badine pas avec l'amour* s'inspire principalement de fragments de textes rédigés par Musset au cours de son aventure vénitienne. On y retrouve des traces de sa correspondance avec George Sand, et même des passages nettement inspirés d'*André*, un roman dont la jeune femme lui confia le manuscrit. L'influence de Richardson* s'y manifeste également, et l'on note une parenté entre la pièce et le roman *Clarisse Harlowe* dont le héros, Lovelace, séduit la fille de l'aubergiste chez qui il loge pour rendre jalouse Clarisse. Après l'avoir lu, Musset écrit du roman qu'il apprend qu'« on ne badine pas impunément avec l'amour ». La pièce sera publiée dans la *Revue des deux mondes*, le 1er juillet 1834.

RÉSUMÉ

Perdican, jeune bachelier, revient chez son père, sous la houlette de son précepteur. Sous la conduite de Dame Pluche, sa gouvernante, sa cousine Camille rentre également au château. Elle revient du couvent. Déçu par des retrouvailles glaciales, Perdican provoque une explication : il apprend que Camille a décidé de prendre le voile. Instruite par les religieuses de la fragilité de l'amour humain et des tourments de la passion, Camille choisit de ne pas souffrir. Furieux, Perdican, afin de la persuader que sa peur d'aimer et de souffrir est en réalité une peur de vivre, tente de rendre Camille jalouse. Il se fiance avec Rosette, simple paysanne du village qui s'avère fascinée par le jeune maître. Alors que les noces se préparent, et que Rosette croit vraiment à son bonheur, Perdican découvre Camille en pleurs, au pied d'un autel. Tous deux ôtent leur masque et reconnaissent qu'ils s'aiment, tandis que Rosette, cachée dans un coin, surprend cette scène, et le bonheur des cousins. Elle meurt dans un cri. Camille quitte Perdican.

On ne badine pas avec l'amour, dont le succès à la scène paraît ne jamais devoir se démentir, constitue très certainement l'une des comédies de Musset les plus riches, les plus foisonnantes.

LE COMIQUE ET LE TRAGIQUE

Une structure musicale

De manière très shakespearienne, Musset pratique là encore le mélange des genres, choisissant, cette fois-ci, de faire alterner les scènes de comédie et les passages les plus tragiques.

Avec Blazius, Bridaine, Dame Pluche et le Baron, le spectateur a affaire à un quatuor comique extrêmement musical, dont la partition repose sur le parallélisme, et les effets d'écho. Ainsi, l'arrivée de Camille et de Perdican (acte I, scène I) donne lieu à une description parallèle opposant le caractère rebondi de Blazius à la sécheresse de la duègne, où le comique naît du contraste visuel, mais aussi du rythme de la langue et du vocabulaire : « Comme un *poupon* sur l'oreiller, il se *ballotte* sur son ventre *rebondi* et […] il *marmotte* un *Pater noster* dans son triple *menton* » s'oppose à « Ses longues jambes *maigres trépignent* de *colère*, tandis que, de ses mains osseuses, elle *égratigne* son chapelet ». De manière très musicale, Musset joue des effets de rime intérieure pour renforcer la vivacité de la description des personnages.

Accompagnés du choeur qui, comme dans le théâtre antique, commente l'action, les quatre acolytes, témoins du *drame* sans jamais s'en montrer les moteurs, reprennent, sur le mode comique, les scènes souvent plus tragiques qui se déroulent entre Camille et Perdican.

Un traitement varié des caractères

Le baron, faible, accablé par les récriminations de Pluche, l'ivrognerie et la rivalité entre Blazius et Bridaine, fonctionne comme une sorte de lien entre les silhouettes comiques de la pièce et les personnages plus sérieux, dont la psychologie se révèle bien plus complexe et fouillée. Personnage puissamment comique, le baron se montre d'autant plus assuré de maîtriser les personnages, de dominer leur destin, que justement la situation lui échappe (acte I, scène II). L'opposition entre ces deux types de caractères tient également à leur statut scénique. Il faut voir les deux ecclésiastiques et la duègne comme des caricatures destinées à déclencher le rire par leurs outrances (voir acte I, scène V ; acte II, scène IV ; ou la dispute entre Blazius et Bridaine, acte III, scène II) .

L'intensité dramatique

À ces esquisses comiques s'oppose la puissance dramatique des scènes entre Camille, Rosette et Perdican. Les rebondissements dramatiques abondent, comme l'évanouissement de Rosette (acte III, scène VI) ou les revirements de Camille (acte II, scène V), jusqu'à la mort brutale de Rosette, qui se produit quasiment sur scène, lors du dénouement de la pièce. Les entrevues entre Camille et Perdican vibrent d'intensité et parfois de violence. Ainsi, si la première scène à la fontaine (acte II, scène V) rappelle un peu les échanges rhétoriques des *Caprices de Marianne*, rapidement, des tirades plus longues, plus passionnées, succèdent à ce jeu de brillantes réparties.

UN THÉÂTRE PSYCHOLOGIQUE

Camille, portrait d'une héroïne

Parmi les héroïnes de Musset, tout aussi célèbres que ses personnages masculins, Camille est l'une des plus intéressantes, des plus fortes. La personnalité de l'héroïne d'*On ne badine pas avec l'amour*, fortement inspirée de celle de George Sand, se révèle extrêmement riche. En Camille s'incarne l'éternel combat de l'amour et de l'amour-propre, qui conduit le personnage (acte III, scène VII) au bord du désastre. Fière, orgueilleuse, l'héroïne, dès sa première apparition, se montre déchirée entre le désir de se conformer à ses résolutions et ses serments, et l'amour qu'elle éprouve depuis l'enfance pour Perdican. La violence du caractère se manifeste notamment dans l'évocation de ses amies de couvent (acte II, scène V) et de l'éternelle blessure que l'amour leur infligea. La richesse des images, la puissance du vocabulaire au cours de cette scène confèrent à la comédie, et au personnage, une gravité exceptionnelle.

Éros et Thanatos

L'opposition entre Camille et Perdican figure également l'opposition entre la vie et la mort. Quand Camille attend des sentiments définitifs, absolus, Perdican prône une légèreté, voire une infidélité qui constitue l'essence même de la vie. Insensible à la beauté qui l'entoure, à la nature, aux lieux de son enfance (acte I, scène III), Camille refuse d'aimer par peur de souffrir, quand Perdican choisit au contraire l'amour humain, et la souffrance qui l'accompagne, au nom de la vie. Il s'écrie (acte II, scène V) : « On est souvent trompé en amour, souvent blessé et souvent malheureux ; mais on aime, et quand on est sur le bord de sa tombe, on se retourne pour regarder en arrière, et on se dit : – J'ai souffert souvent, je me suis trompé quelquefois, mais j'ai aimé. C'est moi qui ai vécu, et non un être factice créé par mon orgueil et mon ennui ».

Ce jeu de l'amour et de la vie ne pouvait manquer de laisser entrer la mort sur la scène : celle de Rosette, victime de la comédie et qui, plus que Camille, se révèle capable de « mourir d'amour » (acte III, scène V), mais aussi, par sa mort, de séparer définitivement Camille et Perdican, ses assassins.

Musset en rupture avec la tradition

Si les pièces de Marivaux*, comme *L'Épreuve* ou *La Fausse suivante*, manifestent souvent, dans l'analyse et la représentation du sentiment amoureux, une précision qui confine à la cruauté, laissant certains personnages exsangues lorsque se baisse le rideau de théâtre, Musset oublie la comédie, pour conduire les protagonistes jusqu'à la tombe. L'atmosphère de tristesse qui entoure la fin des *Caprices de Marianne* se trouve ici dramatisée par le décès de Rosette. Musset prend soin de le préparer par un évanouissement (acte III, scène VI), mais la fin brutale de la jeune paysanne paraît révélatrice. Avec ses comédies, Musset rejoint un genre qui a fait les riches heures du théâtre de salon au XVIIIe siècle, mais il n'en reste pas moins poète de son temps. Cette mort brutale appartient bien plus au registre du mélodrame romantique, de Dumas à Hugo, qu'à celui du marivaudage. Faisant fi de la bienséance, voire du bon goût, Musset n'hésite pas à recourir à l'un de ces coups de théâtre qui font l'efficacité de la littérature dramatique du XIXe siècle, au risque de rendre difficile la représentation scénique.

« UN SPECTACLE DANS UN FAUTEUIL »

La liberté de construction

On ne badine pas avec l'amour correspond parfaitement à la définition du « Spectacle dans un fauteuil ». Musset a ostensiblement élaboré sa pièce pour un lecteur, plus que pour le théâtre. La faiblesse des didascalies* (indications de décor sommaires, séparation entre les scènes marquées par de brefs : « *Il entre, sort le baron*, ou *Il sort avec Rosette*) laisse voir combien Musset se soucie peu de la représentation.

C'est surtout la place du chœur qui donne à la pièce son caractère écrit. Les premières scènes lui confient un rôle important, puisque le chœur nous permet d'assister à l'arrivée des protagonistes au château, mais sa langue imagée et poétique, ainsi que les échanges qu'il a dès l'abord avec Blazius ou Dame Pluche, ne laissent pas de poser de grands problèmes de mise en scène. Il est par ailleurs difficile de faire dire à un groupe de personnages des tirades aussi longues que celles de l'acte I, scène III par exemple. Sa fonction de commentaire de l'action, de contrepoint, d'un comique plus subtil, par rapport aux balourdises de Blazius, Bridaine, et Dame Pluche, se conçoit, mais se représente malaisément. Il arrive d'ailleurs souvent que l'on confie à un seul personnage le texte du chœur, et que l'on opère d'importantes coupes dans son rôle.

Lyrisme et puissance évocatrice

Tout au long de sa carrière, Alfred de Musset s'est dit poète, et poète avant tout. Il n'a d'ailleurs cessé de le prouver, et tout particulièrement dans son théâtre, qui est comme une poésie en actes. La puissance poétique de l'auteur se manifeste tout particulièrement dans *On ne badine pas avec l'amour*, et surtout dans le rôle de Perdican. On retrouve chez le héros certaines données caractéristiques de Musset. Le sentiment de la nature s'exprime dès l'entrée en scène de Perdican, et plus spécifiquement dans la scène IV de l'acte I. Même chose pour la nostalgie de l'enfance, de la douceur que l'on retrouve tout au long de la pièce, et notamment au cours des dialogues entre Perdican et Rosette, personnage emblématique de l'enfance, de l'innocence. Ce lyrisme va parfois jusqu'à suspendre l'action, dans une évocation de la vie qui peut prendre des accents hugoliens ; ainsi, acte III, scène III : « Tu ne sais pas lire, mais tu sais ce que disent ces bois et ces prairies, ces tièdes rivières, ces beaux champs couverts de moissons, toute cette nature splendide de jeunesse. Tu reconnais tous ces milliers de frères, et moi, pour l'un d'entre eux ; lève-toi, tu seras ma femme, et nous prendrons racine ensemble dans la sève du monde tout-puissant. »

Le Chandelier (1835)

Publiée dans la *Revue des deux mondes* le 1ᵉʳ novembre 1835, la comédie du *Chandelier* fut composée après la rupture de la relation de Musset et de George Sand. L'histoire de cette trahison renvoie cependant à un épisode antérieur qui, selon la biographie de Paul de Musset, daterait de l'une des toutes premières liaisons de Musset.

La pièce fut jouée pour la première fois en 1848 sans succès, puis entra à partir de 1850 au répertoire de la Comédie-Française. Depuis la fin du XIXᵉ siècle, le succès du *Chandelier* à la scène ne s'est pas démenti.

RÉSUMÉ

Dans une petite ville de garnison, le notaire, maître André, mène auprès de Jacqueline, sa femme qui pourrait être sa fille, une vie que perturbe seulement le témoignage de l'un de ses clercs : Jacqueline aurait un amant. Malgré son habileté à réfuter les soupçons de son mari, Jacqueline décide de s'assurer, ainsi qu'à Clavaroche, beau militaire qui effectivement la rejoint dans sa chambre la nuit, une forme de tranquillité. Suivant la suggestion du hussard, Jacqueline choisit parmi les clercs de son mari un chevalier servant, Fortunio, qui subira au besoin les foudres de maître André. Or, depuis deux ans, le jeune clerc se meurt d'amour pour Jacqueline.

D'abord heureux de ce choix, Fortunio est aux anges, et avoue passionnément ses sentiments à la belle. Pourtant, il surprend une conversation entre les deux amants, et comprend son rôle dans l'histoire (acte II, scène IV). Par amour pour la belle, Fortunio décide de se sacrifier. Il est même prêt à se jeter dans l'embuscade tendue par maître André où Clavaroche l'envoie. Cependant, Jacqueline, émue par le jeune homme, le sauve, et fait de Clavaroche son nouveau « chandelier ».

COMMENTAIRE

La tradition française

De toutes les pièces de Musset, *Le Chandelier* est l'une des plus classiques et rigoureuses. On note, dans ce texte, l'influence des écrivains français du XVIIIe siècle, à qui l'auteur emprunte à la fois la légèreté de ton et la rigueur de construction. Ainsi, on note une étonnante parenté entre Jacqueline et les héroïnes de Marivaux (l'Araminte des *Fausses confidences* par exemple). La pièce se veut également pleine d'esprit, d'une légèreté de propos qui regarde plus du côté du libertinage du siècle des Lumières (Crébillon*, Carmontelle*) que du sérieux hugolien.

Un ballet amoureux

L'intrigue, d'une impressionnante rigueur, est structurée autour de la figure du chiasme*. La scène centrale du dîner (acte II, scène III) où Fortunio joue parfaitement son rôle de chandelier, se trouve reprise dans la scène finale de la pièce, lorsque les rôles sont inversés. Entre le balcon, la salle à manger et la chambre de Jacqueline, se joue un ballet finement ordonné où se succèdent mari et amants, où les destins se croisent, où les sentiments évoluent. Plus encore qu'à une action dramatique, c'est à une danse que le spectateur a le sentiment d'assister. En effet, la légèreté des didascalies, l'utilisation très libre – et totalement irréaliste – de l'espace scénique (voir l'acte II, scène IV, où Fortunio apprend son infortune) participent d'un désir de styliser l'action, de chorégraphier les échanges .

Un théâtre psychologique

Comme toujours avec Musset, l'apparence cache l'« essence » des personnages, qui se jouent une comédie dans la comédie. L'une des principales qualités du *Chandelier* sera de révéler ce feuilletage psychologique, qui surprend le spectateur et parvient à donner une réelle épaisseur aux caractères.

Chacun des personnages dispose d'un monologue qui lui permet de révéler au public sa vraie nature. Clavaroche, amusant d'abord, paraît égoïste et fat (acte II, scène I) ; Fortunio, naïf, devient touchant (acte III, scène II) ; et Jacqueline (acte III, scène III) révèle plus de profondeur et de sensibilité que les premières scènes auraient pu le laisser attendre. À travers l'évolution des trois principaux personnages, Musset propose au lecteur, en cours de route, un nouvel éclairage sur l'action, et même sur l'ensemble de la pièce.

Un romantisme joyeux

Au premier abord, il se dégage du *Chandelier* une impression de vaudeville. Musset recourt sans hésiter à des ressorts aussi typiques du genre que l'amant caché dans une armoire (acte I, scène I) par exemple. Cependant, la pièce ne saurait être réellement comparée avec celles de Labiche* ou, si l'on prend un auteur plus tardif, de Feydeau*. La naïveté, la profondeur aussi, de l'amour de Fortunio pour Jacqueline, qui, tout en le poussant à comprendre son manège, l'amène à se sacrifier pour elle, relie le personnage au Coelio des *Caprices de Marianne*. De même, la cruauté de Clavaroche finit par toucher le spectateur plus que sa satisfaction comique de soldat à bonnes fortunes ; et la sensibilité de Jacqueline, troublée autant par la chanson de Fortunio que par sa jeunesse et sa sincérité, relève du romantisme. Plus que l'une de ces petites femmes adultères qui mènent sans scrupules les intrigues, comme on les verra dans le théâtre de boulevard, Jacqueline reste une héroïne de Musset, une Marianne délivrée de son orgueil et de son amour-propre. En ce sens, *Le Chandelier* ne révèle pas une rupture dans l'inspiration de l'auteur mais, comme nombre de « proverbes », montre le versant solaire, plus gai, de son œuvre dramatique.

Un caprice (1837)

Cette pièce, dont l'écriture date de mai 1837, constitue une œuvre à part dans l'ensemble des textes dramatiques de Musset. Parue en juin 1837 dans la *Revue des deux mondes*, la pièce, une fois traduite, donna lieu la même année à des représentations dramatiques à Saint-Pétersbourg. Sous l'influence de la comédienne russe Madame Karatyguina, qui interpréta en russe le rôle de Madame de Léry, Madame Allan, actrice française en tournée en Russie, fit ainsi connaissance avec la pièce et n'eut de cesse de créer à Paris le rôle de Madame de Léry. Elle le fit d'abord en Russie en 1843, où elle joua longtemps le rôle en français, puis, une fois engagée à la Comédie-Française, elle y débuta dans *Un caprice* en 1847. La pièce lança la mode de la représentation sur scène du *Spectacle dans un fauteuil*. Après de nombreuses reprises du *Caprice*, d'autres créations suivirent, et se maintinrent quasiment sans discontinuer sur les scènes françaises tout au long du Second Empire.

RÉSUMÉ

Mariée depuis un an, Mathilde de Chavigny est toujours amoureuse de son mari. Alors qu'elle s'apprête à lui offrir une petite bourse de soie, qu'elle a cousue pour lui, il en sort une de sa poche, et refuse à Mathilde d'échanger sa bourse bleue, « un cadeau », contre celle qu'elle vient de lui offrir. Mathilde soupçonne Madame de Blainville, toute récente conquête de Chavigny, d'être l'auteur de la bourse. Une fois son mari parti, Mathilde confie son chagrin à son amie Madame de Léry, jeune femme vive, gaie et spirituelle. Celle-ci envoie Mathilde au bal, et lui promet de faire accepter l'échange à Monsieur de Chavigny. Alors que Mathilde est absente, Madame de Léry s'ingénie à agacer Chavigny, puis à l'intriguer, en faisant porter la bourse par un mystérieux serviteur anonyme. Chavigny croit deviner qu'Ernestine de Léry, victime de son charme, a confectionné cette bourse, et que la jalousie la conduit à demander le sacrifice du cadeau de Madame de Blainville. Il tente de la séduire, elle le laisse faire. Une fois la bourse jetée au feu, Ernestine amène le mari à comprendre que son épouse seule l'aime, tandis que le héros la félicite en livrant au public le proverbe qui sert de source d'inspiration à la comédie : « Un jeune curé fait les meilleurs sermons ».

L'influence du dix-huitième siècle

C'est à la lecture d'*Un caprice* que l'on ressent le mieux, alors que la carrière de Musset s'avance, la puissance de l'influence du classicisme français et de l'esprit du XVIIIe siècle sur son théâtre. Si l'on peut voir, dans la littérature dramatique de l'auteur, un pôle shakespearien et un pôle racinien, au sens où le romantisme, la fantaisie, le lyrisme les plus débridés coexistent avec la rigueur, l'analyse psychologique, la finesse de salon, il est net, à partir de 1835, que Racine, pour Musset, prend le pas sur Shakespeare.

Plus que jamais, l'influence de Crébillon ou de Carmontelle, auteurs de nombreux « proverbes », souvent destinés à des représentations de salon, se manifeste.

Dans *Un caprice* on trouve à la fois des allusions à la vie mondaine contemporaine, à l'actualité (mode, politique), des portraits au vitriol des figures féminines du temps, qui ressemblent aux caricatures que Célimène esquisse à propos de ses contemporains, et qui relèvent, d'ailleurs, du jeu mondain.

La légèreté du propos cache cependant une certaine mélancolie (scène IV par exemple) qui laisse deviner, notamment, un passé douloureux chez Madame de Léry. Cependant, la pièce, empruntant au siècle précédant sa politesse et sa pudeur, choisit, avec fantaisie, de n'en rien dire de précis. Le spectateur reste dans un salon de bon ton, et le rire cherche toujours à masquer la tristesse. Toute la pièce respire cette élégance un peu nostalgique qu'implique le genre, quelque peu daté, du « proverbe ».

Lorenzaccio (1834)

Œuvre dramatique majeure de la carrière de Musset, *Lorenzaccio* ouvrait, en août 1834, le tome 1 du *Spectacle dans un fauteuil*. Pourtant, si la pièce fut commencée dès 1833, ce n'est que d'avril à juillet 1834 que Musset en acheva la rédaction. Entre les deux dates intervient l'épisode du voyage en Italie en compagnie de George Sand. Musset donne donc la première place à un texte dont la composition est postérieure à celle de nombreuses pièces. Drame historique de premier ordre, sans doute le plus important du XIXᵉ siècle, *Lorenzaccio* connut cependant de grandes difficultés de représentation. Malgré les remaniements de Paul de Musset, destinés à vendre la pièce à la Comédie-Française et, au moins partiellement, à cause des multiples changements de lieu que comporte la pièce (38), ce n'est qu'en 1895 que Lugné-Poe* et Sarah Bernhardt* se disputèrent la pièce. L'actrice, désireuse de jouer le rôle en travesti, triompha dans une version considérablement abrégée de l'œuvre en 1906. Jusqu'à l'après-guerre de 1940, la pièce fournit périodiquement l'un des grands rôles du répertoire féminin, et il fallut attendre 1952 pour que Gérard Philipe triomphe au T.N.P dans le rôle titre, et lui donne sa pleine dimension.

RÉSUMÉ

La scène est à Florence, en 1536. Depuis peu, la ville a signé la paix avec l'empereur Charles Quint, et des soldats allemands occupent la citadelle de la ville. Alexandre, un bâtard de Médicis, s'est retrouvé duc de Florence par la grâce du pape et de l'empereur. Agent des puissances occupantes, il règne sur la ville par la terreur et les proscriptions, et mène, sous la houlette de Lorenzo de Médicis, son âme damnée, une vie de débauche.

ACTE I

Scène I: Alexandre et Lorenzo, en plein carnaval, passent la soirée à attendre la sortie de la sœur du républicain Maffio, une jeune fille que Lorenzo a subornée et qu'il tente d'amener dans le lit du duc.

Scène II : Dans les rues de Florence, les commerçants et les bourgeois commentent la situation politique de la ville. Ils disent leur haine du duc, et l'espoir qu'ils mettent en la personne du chef des républicains : Pierre Strozzi. En pleine rue Julien Salviati provoque Louise Strozzi, et lui fait part crûment de l'intérêt qu'il lui porte.

Scène III : La marquise Cibo, alors que son mari quitte Florence pour la campagne, avoue au cardinal Cibo, son beau-frère, ses convictions républicaines. Cependant, elle reçoit force lettres d'amour d'Alexandre.

Scène IV : À la cour du duc, un envoyé du pape vient se plaindre de la vie de débauche menée par Lorenzaccio ; Alexandre défend celui-ci, puis l'oblige à tirer l'épée contre l'un de ses agresseurs. Lorenzo s'évanouit à la vue de l'épée.

Scène V : Devant l'église de San Miniato, alors que de nobles dames commentent avec les marchands et les bourgeois la tournure prise par les fêtes de carnaval, et la soudaine richesse de certaines jeunes filles, Julien Salviati paraît. Après avoir offensé nombre de dames de l'assistance, il laisse entendre que Louise Strozzi lui a promis de coucher avec lui.

Scène VI : Au bord de l'Arno, le soir, Marie Soderini, la mère de Lorenzo, et Catherine, sa tante, déplorent l'incident de l'épée, et évoquent la jeunesse studieuse du héros, l'espoir qu'avait engendré le tempérament de Lorenzo. Quand vient le soir, les bannis de Florence, au nombre desquels on retrouve Maffio, quittent la ville en la maudissant une dernière fois.

ACTE II

Scène I : Chez les Strozzi, Philippe, le père, Pierre et Thomas, les deux fils aînés, apprennent l'insulte faite par Julien Salviati, l'un des comparses d'Alexandre, à leur sœur Louise. Les deux frères décident aussitôt, contre l'avis du père, de la venger.

Scène II : Près d'une église, Lorenzo, en compagnie du républicain Valori, découvre Tebaldeo, jeune peintre amoureux de Florence et de la liberté. Il lui donne du travail : Tebaldeo devra réaliser le portrait d'Alexandre.

Scène III : Le cardinal Malaspina Cibo, qui entend la marquise en confession, tente de la pousser à devenir la maîtresse du duc, afin de pouvoir à travers elle diriger la politique de Florence.

Scène IV : Catherine Ginori et Marie Soderini parlent du passé quand arrive Lorenzo. La mère du héros lui raconte une étrange histoire : elle a reçu la visite d'un spectre de son fils, studieux et sage, comme il l'était autrefois, qui n'a quitté le logis qu'à l'aube, lorsque l'actuel Lorenzo est rentré chez lui. Impressionné, Lorenzo se dévoile à demi, en demandant à Catherine de lui lire l'histoire de Brutus. Venu chez lui avec Bindo et Venturi, deux républicains, Lorenzo les oblige à accepter les faveurs du duc Alexandre, passé lui faire une visite. Ils se confondent en remerciements. Le duc fait part à Lorenzo de l'intérêt qu'il éprouve pour sa tante Catherine. Il aimerait que le jeune homme lui serve d'entremetteur.

Scène V : Chez les Strozzi, Pierre et Thomas reviennent de leur embuscade : ils ont tué Julien Salviati.

Scène VI : Au palais, Tebaldeo fait le portrait du duc Alexandre, à demi-nu. Chacun s'extasie sur la cotte de mailles que le souverain porte toujours sur lui. À la fin de la scène, elle a disparu.

Scène VII : Salviati, couvert de sang, entre au palais pour demander vengeance. Le duc ordonne aussitôt de faire jeter en prison Pierre et Thomas Strozzi.

ACTE III

Scène I : Dans sa chambre, Lorenzo s'entraîne au maniement des armes avec Scoronconcolo. Nous comprenons qu'il a un ennemi, mais qu'il désire le tuer seul. Tout cet entraînement et ces cris sont destinés à habituer les voisins, pour éviter qu'ils donnent l'alerte.

Scène II : Pierre Strozzi persuade son père de l'accompagner chez les Pazzi, où se tient une sorte de banquet républicain.

Scène III : Tandis qu'ils s'y rendent, Pierre et Thomas sont arrêtés et conduits en prison. Lorenzo, présent sur les lieux, entame alors avec Philippe Strozzi une longue discussion. Contrairement au vieux penseur, Lorenzo ne croit qu'aux actes. Il énonce clairement son intention de tuer Alexandre, et la manière dont il s'y prépare depuis des années, en se faisant le complice de ses orgies. Cependant, Lorenzo ne croit pas les républicains capables de profiter de son acte pour rendre la liberté à Florence ; son crime ne servira à rien, sinon à le venger, lui, Lorenzo.

Scène IV : Catherine reçoit un billet du duc, qui lui demande un rendez-vous et laisse entendre que Lorenzo est au courant. Marie, désespérée, annonce qu'elle mourra de chagrin.

Scène V : La marquise Cibo empêche le cardinal d'entrer chez elle : elle attend Alexandre.

Scène VI : La marquise essaie de persuader le duc de prendre la tête des républicains, et de libérer Florence du joug allemand. Cependant, les discours enflammés de sa maîtresse ennuient Alexandre, qui préfère quitter la place. Tandis qu'ils se rajustent, les deux amants sont surpris par le cardinal.

Scène VII : Philippe a invité les quarante Strozzi à souper, afin de l'aider à sortir Pierre et Thomas de prison. Au milieu du dîner, Louise Strozzi meurt empoisonnée. Désespéré, Philippe annonce qu'il quittera la ville dès le lendemain.

ACTE IV

Scène I : Lorenzo, prenant prétexte d'une rencontre avec Catherine, donne rendez-vous au duc dans sa chambre le soir même, à minuit.

Scène II : Pierre et Thomas Strozzi rentrent chez eux ; ils apprennent la mort de Louise, et le départ de leur père. Pierre jure de se venger.

Scène III : Lorenzo demande à Scoronconcolo de se tenir prêt pour le soir même. Il lui suffira que de se tenir caché dans un recoin, et d'intervenir pour seulement maîtriser l'ennemi s'il se défend : Lorenzo veut agir seul.

Scène IV : Le cardinal Cibo menace la marquise de révéler à son mari qu'elle a eu une liaison avec le duc Alexandre si elle refuse de reprendre ses relations avec celui-ci. Il lui fait miroiter tous les avantages de la favorite, et envisage de régner sur Florence par maîtresse du duc interposée. Horrifiée, Ricciarda Cibo refuse, et met fin aux menaces du cardinal : alors que son mari vient de rentrer de la campagne, elle se jette à ses pieds et lui avoue tout.

Scène V : Dans la chambre de Lorenzo, celui-ci et Catherine discutent des propositions d'Alexandre. Resté seul, Lorenzo achève de préparer sa chambre, en pleurant le sort de Louise Strozzi, et celui qu'aurait pu connaître Catherine.

Scène VI : Pierre Strozzi rejoint Philippe dans le couvent où il s'est réfugié. Il tente de le persuader de prendre la tête d'une conjuration de bannis assemblés aux portes de Florence. Ils ont le soutien du roi de France, François Ier. Philippe refuse de prendre les armes contre sa patrie.

Scène VII : Lorenzo prévient les républicains qu'il s'apprête à tuer Alexandre : ceux-ci n'en tiennent pas compte.

Scène VIII : Devant l'absence de Philippe, les bannis refusent de suivre Pierre Strozzi. Ils ne marcheront pas sur Florence.

Scène IX : Dans un long monologue, sur une place de Florence, Lorenzo effectue une sorte de dernière répétition générale.

Scène X : Giomo et le cardinal Cibo viennent avertir le duc du complot tramé par Lorenzo. Alexandre ne veut pas les croire.

Scène XI : Lorenzo tue le duc, et Scoronconcolo découvre l'identité de l'ennemi de son maître. Lorenzo connaît un intense moment de joie, puis il prend la fuite, après avoir enfermé dans sa chambre le cadavre d'Alexandre.

ACTE V

Scène I : Au palais, les courtisans s'interrogent sur la disparition du duc, puis sur ses successeurs. Le cardinal Cibo est au premier rang d'entre eux. Les républicains ne tentent rien.

Scène II : À Venise, Lorenzo a rejoint Philippe Strozzi. Il lui apprend la mort du duc, et la défaite des républicains. Personne n'a su mettre à profit le crime de Lorenzo. Le héros apprend alors que sa tête est mise à prix dans toute l'Italie.

Scène III : Une conversation de rue, à Florence, nous apprend la réconciliation des époux Cibo.

Scène IV : Dans une auberge, Pierre Strozzi, fort de l'appui du roi de France, prépare encore quelques coups de main, sans vraiment savoir où ils le mèneront.

Scène V : Le marchand et l'orfèvre du premier acte commentent la mort du duc, et les bruyantes gesticulations des républicains. Ils annoncent la nomination de Côme de Médicis comme nouveau duc de Florence. Pendant que leurs précepteurs composent une ode à la liberté, le petit Strozzi et le petit Salviati se battent, comme toujours.

Scène VI : À Venise, Lorenzo apprend à Philippe la mort de sa mère. Tous deux déplorent la nomination de Côme, nouvelle créature du pape et de l'empereur. Pressé par Philippe de prendre soin de lui et de quitter l'Italie, Lorenzo ironise sur la lâcheté des assassins qui le suivent sans cesse, attirés par la prime. Dès qu'il a quitté la pièce, un domestique entre pour annoncer sa mort. Caché derrière la porte, un homme l'a assommé, et la foule a jeté son corps dans la lagune.

Scène VII : À Florence, Côme de Médicis prête serment de fidélité aux nobles familles de la ville et, surtout, promet au cardinal de toujours respecter ses conseils.

COMMENTAIRE

Sources et influences

Il est incontestable que les chroniques florentines de l'historien italien Varchi constituent la source majeure de *Lorenzaccio*. Dans sa *Storia fiorentina* de 1721, Varchi raconte cet épisode de la conspiration républicaine contre Alexandre de Médicis, daté de 1537, que Musset respecte scrupuleusement à l'exception de la fin. C'est sans doute George Sand qui trouva ces chroniques, et les utilisa la première, afin d'en tirer, en 1831 ou 1832, des « scènes historiques » intitulées *Une conspiration en 1537*. Elle fournit ainsi à Musset la matière d'un drame historique dont l'idée était, depuis près de cinquante ans, dans « l'air du temps ».

Musset s'est également inspiré de *La Conjuration de Fiesque* de Schiller*, de *La conspiration de Pazzi* d'Alfieri*, et des souvenirs de la princesse Belgiojoso qui, en 1831, avait fomenté l'insurrection des Romagnes contre l'Autriche, un échec. Le personnage de la marquise Cibo doit beaucoup à cette figure de l'aristocratie parisienne des années 1830.

On ne saurait passer sous silence l'influence de Shakespeare, dont les drames historiques, de *Coriolan* à *Henri V*, ont laissé une trace très profonde sur *Lorenzaccio*, et notamment sur la liberté de sa structure. Cependant, à travers le personnage de Lorenzo, on entend un écho de *Hamlet* et une résonance de ses interrogations au moment de passer à l'acte.

LA STRUCTURE DE LA PIÈCE

Trois intrigues en une

D'apparence très confuse, l'intrigue de *Lorenzaccio* est en fait structurée autour de trois motifs, auxquels Musset imprime un tressage subtil et complexe.

1. Une intrigue amoureuse, celle de la marquise Cibo, où intervient le cardinal Malaspina.

2. L'intrigue Strozzi, à laquelle est reliée la majorité des scènes de rue de l'action de la pièce, met en scène les républicains, leur fureur vaine et leur incapacité à agir.

3. Enfin, autour du personnage de Lorenzo, s'articulent l'essentiel des scènes de la cour du duc Alexandre et un double mystère. Quel secret cache le jeune débauché ? Cette question se pose jusqu'au milieu de l'acte III. Ensuite, le spectateur/lecteur se demande si le héros parviendra à mener à bien son entreprise, et surtout quelles conséquences pourrait générer un éventuel succès.

Si l'on observe l'ordre des scènes, tout au long des actes, on constate à quel point chaque acte donne lieu au traitement alterné de chacune des trois intrigues. Pour les trois intrigues, l'acte I permet de présenter les personnages, leurs opinions, et leurs situations respectives. À l'acte II, les intrigues se nouent, et les conflits apparaissent au grand jour. L'acte III, qui se présente, *a priori*, comme « l'acte de Lorenzo », celui où le personnage se dévoile au public, connaît également un développement important pour chacune des deux intrigues secondaires : l'échec de la tentative de la marquise de faire prendre au duc Alexandre la tête d'une rébellion républicaine, l'arrestation des deux aînés Strozzi, et surtout la mort de Louise qui, en fin d'acte, prend un aspect singulièrement tragique. De même, si l'acte IV permet de voir chacune des tentatives d'action contre Alexandre aboutir à un échec, ou à un renoncement – à l'exception du crime de Lorenzo, seule volonté manifestée au début de la pièce et véritablement accomplie –, il faudra attendre l'acte V pour voir chacun des personnages, et chacune des intrigues, connaître un dénouement définitif.

Les secrets du décor

Chacune de ces trois intrigues permet de découvrir un nouvel aspect de Florence. L'affaire de la marquise introduit le lecteur dans l'aristocratie florentine, et, *via* le cardinal Malaspina, dans les hautes sphères de la société cléricale. La rivalité de la famille Strozzi et de la famille Salviati fait entrer le spectateur dans les milieux de la rébellion républicaine. Très habilement, en situant dans des lieux publics (place de Florence, église de San Miniato) les offenses faites à Louise, et en pleine rue l'arrestation des frères Strozzi, Musset parvient à ouvrir la scène au peuple de Florence. Enfin, avec Lorenzo, nous entrons à la cour des Médicis, et surtout dans l'intimité du duc Alexandre.

Une exploration du théâtre du xixᵉ siècle

À chacune de ces intrigues correspond un style de développement, et même un genre théâtral. Pour l'intrigue Strozzi, on peut voir un développement du drame romantique, qu'illustre parfaitement, toute pénétrée qu'elle est de l'influence de Hugo, la scène finale de l'acte III, où Philippe Strozzi réunit pour un dîner les quarante membres de sa famille. La variété des lieux, la fureur de Pierre, la présence, derrière le décor, du roi de France, des guerres et des alliances internationales dont Florence est l'enjeu rattachent très nettement la pièce aux grands drames historiques, qui ont marqué le triomphe du romantisme sur scène comme *Hernani** ou *Henri III et sa cour**.

Pour l'intrigue Cibo cependant – et l'hypothèse s'avère indubitable lorsque l'on examine la scène iv de l'acte IV –, on frôle sans cesse le drame bourgeois. La grande entreprise politique de la marquise Cibo tourne rapidement à une banale histoire d'adultère. La fin de l'histoire, avec les aveux éplorés de la marquise et, à l'acte dernier, le pardon du mari présentent d'étonnantes – et tout à fait volontaires – similitudes avec, par exemple, *La Mère coupable* de Beaumarchais. On ne peut manquer, bien entendu, de relever, dans ce choix intertextuel, l'ironie de Musset à l'égard du personnage de la marquise qui, victime de ses illusions, de son orgueil, est *in fine*, et quel que soit son choix, abusée par le cardinal.

En ce qui concerne Lorenzo, son aventure relève plus du drame psychologique unissant, à la manière de Shakespeare, l'action et l'introspection, ainsi que le commentaire sur l'action. Le personnage, par sa force et sa complexité, transcende les genres traditionnels, et suggère une richesse théâ-

trale telle qu'on la trouve dans les grands héros shakespea-
riens, comme Hamlet ou Othello, pour lequel Musset pro-
fessait une admiration toute particulière.

La rigueur de la construction

Paradoxalement, l'unité de la pièce naît du tressage de ces
trois intrigues, du mélange de ces trois genres, de ces trois
décors, ou milieux sociaux, unis par une thématique et une
obsession commune : débarrasser Florence de la tyrannie et
du joug allemand. Le contexte historique et géographique de
l'intrigue sert de lien à la pièce et contribue à la structurer
fortement.

UN DRAME POLITIQUE

La situation française

Tout au long de sa vie, et de sa carrière de poète, Musset
n'a cessé de professer la plus grande méfiance à l'égard de
l'« engagement » de l'écrivain. La collusion entre les écrits et
les débats ou querelles politiques passagères lui paraissait
devoir nuire à la qualité de l'œuvre du poète, à la pérennité
de son travail. Cependant, c'est le même homme qui dresse,
dans *La Confession d'un enfant du siècle*, un portrait désolé
des années qui suivirent la chute de Napoléon, et de la génération qui, avide de gloire et de rêves de conquêtes, dut se
contenter de la société figée de la Restauration, puis des
valeurs bourgeoises de l'après-1830. C'est le même qui dit
vouloir écrire pour ses contemporains, et véritablement parler d'eux. Au cœur de ce paradoxe, *Lorenzaccio* propose une
manière de faire entrer la politique, ou plutôt, comme l'écrit
Bernard Masson, le politique dans le théâtre, sans pour autant
livrer la pièce aux caprices de la mode.

Les censeurs l'ont remarqué, la pièce de Musset résonne des
échos de la révolution de 1830. Elle renvoie également aux
révolutions nationales qui éclatent en Europe aux alentours de
1830 et qui, à l'exception de la révolution belge, finirent toutes
– malgré l'élan de solidarité manifesté en France notamment –
par l'écrasement dans le sang des soulèvements nationaux. Les
témoignages de la mère de Musset – même si Paul, le frère du
poète, ne les mentionne pas – laissent penser que les deux frères

Musset furent partie prenante dans les événements révolutionnaires. En juillet 1830, la promulgation de lois tout particulièrement répressives par le roi Charles X jette la population dans la rue. Au premier rang, une jeunesse qui rêve de pouvoir, à son tour, « prendre la Bastille » et renouveler la grande révolution de ses aînés. Après trois jours de combats, le roi s'exile en Angleterre, et Louis-Philippe, représentant de la branche Orléans de la famille royale, monte sur le trône. Il devient « roi des Français », promet une « charte », une sorte de constitution, de pacte entre l'État et la société, et confisque ainsi la révolution en installant la France dans une routine politique qui assoupit le corps social. Pourtant, de ces trois journées de juillet 1830 – les « Trois Glorieuses » – émerge réellement un nouveau fonctionnement de la société française.

La bourgeoisie détourne la révolution au profit d'un pouvoir extrêmement modéré, soucieux essentiellement de maintenir en place un ordre social rigide, une véritable société de classes où l'artiste, le poète, le dandy, le « déclassé » comme Musset aura beaucoup de mal à trouver sa place.

Une réflexion sur l'action politique

Sans raconter aucunement les « Trois Glorieuses », ni rendre compte du climat violent (la monarchie de Juillet à ses débuts va d'attentat et de répression en attentat, ponctuée de mouvements sociaux et de massacres) de son temps avec précision, *Lorenzaccio* est cependant imprégné de cette atmosphère. Les censeurs, au temps de l'écriture de la pièce, puis dans les années qui suivirent, ne s'y trompèrent d'ailleurs pas, qui interdirent la représentation jusqu'à la fin du Second Empire. Cependant le début des années 1830 ne constitue pas le sujet de l'œuvre ; il alimente, pour l'écriture de *Lorenzaccio*, la réflexion politique de Musset, cette réflexion qui constitue le véritable sujet du drame.

Par le tressage de trois actions évoqué plus haut, Musset met toujours en avant une seule question : celle de la valeur de l'acte en politique. Inefficacité des fiers-à-bras, comme Pierre Strozzi, mais vanité également des nobles pensées, comme celles de Philippe, qui ne peuvent changer l'ordre du monde, ridicule bourgeois des intrigues de cour, comme celle de la marquise Cibo, toutes ces attitudes sont mises en balance avec la détermination, la violence radicale de Lorenzo. Mais justement, l'acte lui-même de Lorenzaccio sera inutile, il ne permettra pas aux républicains de reprendre l'initiative des événements.

Lorenzaccio raconte justement l'histoire de cet acte confisqué, au moment même où il s'était avéré totalement gratuit, et ajoute une note de désillusion à la réflexion politique de Musset.

L'anticléricalisme

Dans *On ne badine pas avec l'amour*, les personnages de Blazius, Bridaine et Dame Pluche, mais aussi les remarques de Perdican sur le couvent où Camille a perdu sa jeunesse introduisent l'anticléricalisme exprimé par certaines pièces de Musset. Dans *Lorenzaccio*, toutes les nuances de cette opinion sont soigneusement déclinées, et traitées.

L'omniprésence de l'Église

L'Église, comme décor, lieu de culte, mais aussi lieu de pouvoir se révèle très fréquemment présente dans *Lorenzaccio*. Le jour, le soir qui marque le départ des bannis, sont rythmés par le son des cloches, les horaires des prières. Des scènes essentielles comme la provocation de Julien Salviati, ou la rencontre entre Lorenzo et le peintre Tebaldeo, ont lieu sur le parvis d'une église. Le jeune peintre évoque d'ailleurs avec émotion le décorum des cérémonies religieuses, l'émotion que déclenche, chez lui, le culte marial. L'Église scande l'existence, offre un décor, un refuge, mais elle est aussi le principal objet des plaisanteries d'Alexandre et de sa cour, et surtout le foyer occulte, omniprésent, de l'ambition, de la puissance, du pouvoir réel.

Le blasphème et la provocation

Dès la scène du bal chez les Nasi (acte I, scène II), le spectateur voit sortir du bal le duc, Julien Salviati et Lorenzaccio vêtus en nonnes de carnaval, ivres, et s'amusant à lancer des projectiles sur les passants. Lorenzo, ennemi du pape Clément VII, qu'il avait pensé assassiner après la révélation de la nuit du Colisée (acte III, scène III) et avant de choisir Alexandre, est également recherché par le pape pour la mutilation des statues de l'arc de Constantin. Venturi, l'envoyé du pape Paul III qui réclame Lorenzo pour le livrer à la justice de ses États, se voit refuser sa requête en ces termes : « Ah ! parbleu, Alexandre Farnèse est un plaisant garçon ! Si la débauche l'effarouche, que diable fait-il de son bâtard, le cher Pierre Farnèse, qui traite si joliment l'évêque de Fano ? » Le climat, comme l'évoque la marquise Cibo au début de la pièce, n'est vraiment pas au respect de l'Église.

Le cœur du pouvoir

Mais c'est surtout comme lieu du pouvoir, des compromis, et de toutes les collusions que Musset attaque la religion. C'est le beau-frère de la marquise, le cardinal Cibo, qui incarne à lui seul les défauts de cette Église. Manipulateur, avec la complicité du pape, nous voyons Malaspina (la marquise crache parfois ce nom comme une insulte au cours de ses conversations avec le personnage) user de son influence pour apprendre les secrets de la marquise, la jeter dans les bras d'Alexandre, puis la menacer. Dès son apparition (acte I, scène III), son indulgence coupable à l'égard des frasques du duc se manifeste. La première caractéristique du personnage, du moins en apparence, sera le respect servile du pouvoir. Le personnage se dévoile ensuite, au cours de la scène III de l'acte II, avant la confession de la marquise. Son ambition d'être une sorte d'éminence grise du pape, homme de l'ombre qui tient réellement les rênes du pouvoir, se manifeste, ainsi que son désir d'utiliser la marquise pour y parvenir. Par la suite, il n'hésitera pas à tenter (acte III, scène IV) de surprendre ensemble Alexandre et la marquise, afin de faire chanter celle-ci. Menacée de voir sa liaison révélée à son mari, elle devra, selon Malaspina, continuer à avoir une intrigue avec le duc et pourra, ce faisant, le faire pénétrer jusqu'au cœur du pouvoir. Enfin, au début de l'acte V, c'est avec l'entrée en scène du cardinal qu'apparaît le vrai pouvoir. Cibo sait la vérité sur la mort d'Alexandre, il sera celui qui choisit son successeur, et c'est entre ses mains que Côme de Médicis, à la fin de la pièce, prêtera serment de fidélité.

Au-delà de la provocation, ou du blasphème, c'est le rôle de l'autel, son alliance avec les puissants, que Musset met en avant. Son anticléricalisme, en ce sens, est plus politique que véritablement religieux.

L'individu et la société

Forces politiques et forces militaires, occupant, Église comme symbole de la puissance politique, le personnage de Lorenzaccio se trouve au cœur d'un noeud de forces politiques et sociales. Le conflit de Lorenzo, son conflit avec le monde qui l'entoure mais aussi – et peut-être surtout – son déchirement interne constituent le signe même d'une préoccupation récurrente de Musset : la relation de l'individu et de la société. Difficulté, voire impossibilité pour le personnage du théâtre de Musset, d'Octave à Fantasio, de trouver une place dans le corps social ou, quand sa place (comme celle de Lorenzo) lui a été conférée par la naissance, difficulté de trouver un sens à la société, à la marche du monde. Il faut donner son sens le plus politique à la formule de Lorenzo (acte III, scène III) : « Dans deux jours, les hommes comparaîtront devant le tribunal de ma volonté ». L'Octave de *La Confession d'un enfant du siècle* choisit en quelque sorte le retrait sur la sphère du privé. Lorenzo adopte une attitude orgueilleuse, mais tout aussi éloignée du monde, signe d'une incapacité à faire partie de tout corps social.

PORTRAIT DE L'ARTISTE EN ASSASSIN

Le personnage de Lorenzo

Il donne son titre à la pièce, et porte tout le poids de l'action. Lorenzaccio, c'est d'abord, comme tout personnage de théâtre, une fonction dramatique : celle de l'indissoluble liaison entre les différentes scènes de la pièce. La diversité des espaces (trente-huit décors différents), la profusion des personnages dont certains, comme Scoronconcolo n'ont que deux scènes – et parfois même une seule – pour s'imposer au spectateur, l'abondance d'intrigues entrecroisées qui pourraient nuire à la clarté de l'action, tous ces excès se trouvent comme compensés par l'ombre de Lorenzo, qui plane sur toute la pièce, présent, même quand il ne figure pas parmi les personnages d'une scène. Personnage protéiforme, dont le nom compte un nombre étonnant de diminutifs, Lorenzo se trouve soixante et une fois nommé au cours de la pièce dont il est véritablement la pierre d'angle, sur laquelle reposent les structures de l'action. *Lorenzaccio* se présente ainsi à la fois comme le récit d'une aventure, d'une décision politique, mais aussi, et peut-être surtout, comme un portrait aux multiples facettes.

Un personnage protéiforme et ambigu

L'une des clés pour appréhender la diversité du personnage de Lorenzaccio est fournie par la multiplicité de ses appellations. Les soixante et une occurrences du nom de Lorenzo se répartissent ainsi : Lorenzo (34), Lorenzo de Médicis (4), Lorenzino (2), Renzo (11), Renzino (2), Lorenzaccio (6), Renzinaccio (1), Lorenzetta (1). Cette variété de dénominations illustre bien entendu le problème d'identité du personnage. Si portrait il y a, c'est d'un portrait impossible qu'il est question ici. Personnage de haute noblesse, mais d'une famille honnie par les républicains, Lorenzo, dit Philippe Strozzi (acte II, scène III) « est un Médicis [lui-même], mais seulement par [son] nom ».

Les surnoms terminés par le suffixe *accio* sont censés comporter des connotations péjoratives (cette pratique n'est pas si certaine, dans la mesure où Thomas Strozzi est appelé par ses partisans Masaccio sans aucune nuance de mépris), mais la diversité des emplois de « Lorenzaccio » laissent plutôt penser que leur signification varie suivant le contexte. « Renzo » et « Renzino », plus affectueux, sont essentiellement employés par Marie Soderini et Catherine, la mère et la tante de Lorenzo. Cependant on les trouve également, et souvent, dans la bouche d'Alexandre, et ce même au moment du meurtre. L'emploi de ces diminutifs nous renseigne donc essentiellement sur la relation entre Lorenzo et le duc, dont l'ambiguïté, accentuée par l'emploi de l'épithète « mignon » que les deux personnages s'adressent l'un à l'autre, a été soulignée par bien des mises en scène, jusqu'à mettre en avant l'homosexualité latente du personnage. Cette donnée se trouve d'ailleurs soulignée nettement par Musset (acte I, scène IV) lorsque Lorenzo s'évanouit à la vue d'une épée.

Personnage déchu, qui se déclare (acte III, scène III) amateur de vins et de filles, mais aussi ancien lecteur de Plutarque, admirateur et continuateur de la sagesse antique, décidé à sauver la patrie par un tyrannicide, Lorenzo déroute le spectateur. Tout au long de la pièce, le héros témoigne d'une extrême nostalgie de l'enfance et de la jeunesse, de la pureté perdue des étés de Cafaggiuolo (acte IV, scène IX), en même temps qu'il manifeste, dans le présent, un frénétique appétit de jouissance. Les conversations des bourgeois, autant que les remarques de Lorenzo lui-même (acte III, scène III), résonnent des forfaits du héros, et ce dès la première scène de l'acte I. Suborneur de jeunes filles, traître professionnel, Lorenzo s'est, de son propre aveu, adonné à toutes les vilenies possibles.

Jusqu'à cette mort sans sépulture que lui donne le peuple de Venise, Lorenzo reste insaisissable dans sa multiplicité. C'est ce que suggère la scène IV de l'acte II, durant laquelle Marie reçoit la visite du spectre de Lorenzo, triste et studieux comme lors de ses années d'adolescence. Présent dans la maison, Lorenzo vient d'afficher le plus grand cynisme à l'égard de Lucrèce et des héros antiques. Contraste, trouble, nostalgie, plusieurs Lorenzo sont présents l'un à l'autre, sans que jamais l'un d'eux puisse vraiment proposer au spectateur une image nette. On peut dire, comme Philippe (acte III, scène III) : « Ne m'as-tu pas parlé d'un homme qui s'appelle aussi Lorenzo, et qui se cache derrière le Lorenzo que voilà ? » De fait, il n'est, pour Lorenzaccio, qu'un seul élément de permanence : son projet, puis son acte.

« Mon crime »

Dès la scène IV de l'acte II, où entre en scène le thème du double, essentiel dans la pièce, le spectateur devine que Lorenzaccio n'est pas le simple débauché que laissait attendre l'acte I. La conversation avec Catherine et Marie se clôt en effet sur la supplication de Lorenzo : « Catherine, Catherine, lis-moi l'histoire de Brutus » – Brutus le tyrannicide –, qui sème le doute dans l'esprit du spectateur. Par la suite, les indices se multiplient jusqu'à l'acte III, scène III, où le personnage dévoile totalement son intention.

Située à une place stratégique, au milieu de l'action, cette scène à deux personnages, extrêmement longue, qui contraste avec le rythme d'ensemble de la pièce, se présente un peu – ainsi que l'écrit Thomasseau – comme « l'œil du cyclone ». Au cœur de la tempête, alors que les actions évoluent parallèlement avec rapidité, Philippe Strozzi et Lorenzo semblent proposer au spectateur un îlot de calme et de réflexion, une sorte de pause méditative. En fait, la scène nous plonge vraiment au cœur du drame, puisqu'elle nous permet de connaître les intentions de Lorenzo, en même temps qu'elle épaissit totalement son mystère. Toute la démarche de Lorenzo, la spectaculaire transformation qui transforma un jeune homme studieux en un débauché, ami du tyran, se trouve expliquée par la révélation qui nous est faite d'une nuit passée au Colisée : « Je ne sais pourquoi je me levai ; je tendis vers le ciel mes bras trempés de rosée, et je jurai qu'un des tyrans de ma patrie mourrait de ma main ».

La préparation du crime qui, pour Lorenzo, passe avant tout par la dégradation de soi-même, prendra quelques années. Lorenzo décide d'abord de tuer le pape Clément VII* mais, banni de Rome à la suite de la mutilation des statues de l'arc de Constantin, il abandonne son projet, et jette son dévolu sur Alexandre de Médicis.

Geste d'orgueil, le crime sera celui d'un héros solitaire, désireux de « [se] prendre corps à corps avec la tyrannie vivante, la tuer, porter [son] épée sanglante sur la tribune, et laisser la fumée du sang d'Alexandre monter au nez des harangueurs, pour réchauffer leur cervelle ampoulée ».

Musset insiste également sur le caractère violent de l'acte. Pas question de faire mourir Alexandre dans la coulisse, mais véritablement (dans le noir) sur le théâtre. Le crime ne donnera lieu à aucune ellipse, et même, la rapidité du meurtre, sa facilité d'éxécution (acte IV, scène XI) sont en quelque sorte compensées par la répétition de la première scène de l'acte III, où Lorenzo s'entraîne en compagnie de Scoronconcolo. Cet assassinat fictif revêt toute la violence d'un crime réel, et même d'un crime rituel. On croit assister à une scène d'orgie morbide lorsque Lorenzo s'écrie : « Crie donc, frappe donc, tue donc ! Ouvre-lui les entrailles ! Coupons-le par morceaux, et mangeons, mangeons, mangeons ! J'en ai jusqu'au coude. Fouille dans la gorge, roule-le, roule ! Mordons, mordons et mangeons ! ».

Loin de la bienséance et de ses contraintes, Musset choisit le réalisme de la représentation. Il joue toutefois sur l'ambiguïté de la situation : les deux compères, dans cette scène, n'assassinent personne. C'est quand il fait du théâtre que Lorenzo est le tyrannicide le plus décidé et le plus convaincant, d'où le caractère grandiloquent de ce passage et ses images frappantes enchaînées. Il s'agit de montrer l'assassinat d'Alexandre comme une cérémonie de noces de sang. C'est bien ce que déclare Lorenzo, qui s'écrie avant de s'évanouir : « Ô jour de sang, jour de mes noces ! »

En revanche, c'est dans une atmosphère de douceur, de lumière tamisée, qu'Alexandre ira à la mort comme à un rendez-vous d'amour. Il vient pour attendre Catherine, et s'adresse à Lorenzo avec la plus grande tendresse. Ses derniers mots seront même : « C'est toi, Renzo ? », où Alexandre emploie envers son bourreau un diminutif affectueux. Le crime, très rapide, sera très doux, par contraste avec la scène de répétition ; il sera parallèle, aussi, à la scène I de l'acte I. On retrouve l'atmosphère nocturne, la promesse de plaisir, et la brutalité fulgurante du moment.

Une question de sens

Pourtant, *Lorenzaccio* ne se résume pas à l'histoire d'un crime. De fait, à partir du moment (acte II, scène IV) où s'en annoncent les prémisses, la pièce ne cesse de désamorcer, par avance, l'importance et les conséquences de cet acte. Le cynisme de Lorenzo parlant de Brutus à Catherine et Marie rejoint sa violence lorsqu'il évoque son projet face à Philippe Strozzi.

La préparation du crime l'a perverti : « Il fallait arriver à lui porté par les larmes des familles ; pour devenir son ami, et acquérir sa confiance, il fallait baiser sur ses lèvres épaisses les restes de ses orgies ». Mais surtout, la pratique active de la débauche a conduit Lorenzo à voir l'humanité telle qu'elle est, c'est-à-dire pire encore qu'il l'avait imaginée. La lâcheté, le manque d'honneur des hommes l'a déçu, dissuadé à jamais d'agir pour le bien de l'humanité. Lorenzo raconte : « Les mères pauvres soulèvent honteusement le voile de leurs filles quand je m'arrête au seuil de leurs portes ; elles me laissent voir leur beauté avec un sourire plus vil que le baiser de Judas – tandis que moi, pinçant le menton de la petite, je serre les poings de rage en remuant dans ma poche quatre ou cinq méchantes pièces d'or » (acte III, scène III).

Les républicains, pour qui ce crime devrait être l'occasion de sauver enfin Florence, ne se sont pas non plus montrés dignes du « cadeau » que Lorenzo leur destine. « J'ai vu les républicains dans leurs cabinets, je suis entré dans les boutiques, j'ai écouté et j'ai guetté. J'ai recueilli les discours des gens du peuple, j'ai vu l'effet que produisait sur eux la tyrannie ; j'ai bu, dans les banquets patriotiques, le vin qui engendre la métaphore et la prosopopée, j'ai avalé entre deux baisers les larmes les plus vertueuses ; j'attendais toujours que l'humanité me laissât voir sur sa face quelque chose d'honnête » *(ibid.)* Plusieurs fois au cours de la pièce, Lorenzo professe le plus grand mépris pour la logorrhée républicaine ; pour la tendance, illustrée parfois par Philippe lui-même, à « produire du discours » sans jamais agir, des partisans de l'opposition à Alexandre.

Il ne reste plus beaucoup de raisons de tuer le duc. Lorenzo reconnaît d'ailleurs l'inutilité politique de son crime. En ce sens, on peut considérer le meurtre d'Alexandre comme l'un des premiers exemples d'acte gratuit au sens gidien du terme. Cependant, il serait trop facile de s'en tenir à cette gratuité sans approfondir la question. De fait, Lorenzo s'explique, dans cette même scène III de l'acte III : « Tu me demandes pourquoi je tue Alexandre ? Veux-tu donc que je m'empoisonne, ou que je saute dans l'Arno ? […] Songes-tu que ce meurtre, c'est tout ce qui me reste de ma vertu ? Songes-tu que je glisse depuis deux ans sur un rocher taillé à pic, et que ce meurtre est le seul brin d'herbe où j'aie pu cramponner mes ongles ? Crois-tu que je n'ai plus d'orgueil, parce que je n'ai plus de honte, et veux-tu que je laisse mourir en silence l'énigme de ma vie ? » Lorenzo tue par orgueil, par nostalgie de sa pureté. Il tue au nom de ce que Bernard Masson appelle sa « difficulté d'être ».

Ces données ne sont pourtant pas toujours claires. Lorenzo vérifiera son hypothèse à l'acte V, lorsqu'il constatera l'inutilité de la mort d'Alexandre. Elle ne pourra même pas lui apporter l'apaisement. Lorenzo restera le débauché qu'il s'était appliqué à devenir. Il avoue à Philippe : « J'aime encore le vin et les femmes ; c'est assez, il est vrai, pour faire de moi un débauché, mais ce n'est pas assez pour me donner envie de l'être. » En tuant Alexandre, Lorenzo perdra sa seule raison de vivre. Sa mort ressemblera alors à une sorte de suicide déguisé.

UNE CHRONIQUE

Plus de trente décors, une promenade de Florence (dans les murs et hors les murs) jusqu'à Venise, en passant par Rome et la campagne toscane – à Cafaggiuolo – évoquées par Lorenzo, plus de cent silhouettes, jusqu'à quarante personnages sur scène à certains moments : *Lorenzaccio* use d'une étonnante liberté. Le choix de Musset de privilégier l'écrit au détriment de la représentation, explique bien entendu cette fluidité des déplacements, mais ne permet pas de tout expliquer. Née des *Chroniques* de Varchi, la pièce porte sans cesse la trace de ce genre para-historique dont s'inspira Musset. Apparemment, l'auteur désirait restituer l'impression de fourmillement, de vie qui se dégage du texte de Varchi, en sacrifiant, parfois, l'aisance de la représentation.

De multiples individualités

Alexandre de Médicis

Il est nommé le premier dans la distribution. Alexandre est duc de Florence, mais il est aussi et surtout le bâtard d'un Médicis. Décrit par les autres, y compris par Lorenzo, Alexandre apparaît comme un être grossier et vulgaire. Comparé à un boucher, à un conducteur de chars, à un gladiateur aux poils roux (acte IV, scène V), aux lèvres épaisses (acte III, scène VI), le personnage est déjà donné comme l'exact opposé physique de Lorenzo, fragile, délicat, pâle, d'un aspect presque féminin. Alexandre, tout au long de la pièce, boit et jure sans se priver : (« Entrailles du pape », « par la mort de Dieu »), passe d'une femme à l'autre sans jamais connaître de frein à son désir. Même aux moments les plus intimes, Alexandre ne se montre pas au spectateur sous un jour véritablement raffiné. Qu'il se trouve dans la chambre de la marquise Cibo (acte III, scène VI), et il traite la dame comme une fille. Enfin, lorsque, avant de mourir, il attend la visite nocturne de Catherine Ginori (acte IV, scène XI), le duc choisit de faire semblant de dormir afin de n'avoir pas à parler à la jeune fille à qui il a donné un rendez-vous d'amour. Alexandre, même lorsque Tebaldeo peint son portrait, et qu'il nous apparaît dans le rôle traditionnel de protecteur des arts, semble fruste, grossier, souvent vulgaire.

Cependant, ce duc de hasard, créature du pape et de l'empereur, ne se révèle jamais au spectateur comme caricatural. Pour de simples raisons dramatiques, l'acte de Lorenzo n'aurait aucune valeur si Alexandre apparaissait seulement comme un vulgaire pantin. De fait, l'ambiguïté qui se dégage des relations de Lorenzo et Alexandre, leur long compagnonnage dans la débauche que décrit le héros lors de sa confession à Philippe Strozzi, ne s'expliquent que par le charme du personnage. Image de force, de puissance, Alexandre séduit le spectateur, autant qu'il séduit le héros et, sans aucune peine apparemment, les femmes de son entourage.

Par ailleurs, Alexandre se révèle plus fin politique qu'on ne pourrait le croire : lors de la scène IV de l'acte I, Alexandre parvient à faire taire aussi bien Valori que l'envoyé du pape ou le cardinal Cibo. Il doit sa place à d'autres, mais il règne seul. Le personnage ne se fait d'ailleurs pas d'illusions sur son rôle et sa mission. Il déclare : « César et le pape ont fait de moi un roi ; mais, par Bacchus, ils m'ont mis dans la main une espèce de sceptre qui sent la hache d'une lieue ». Apparemment, on a voulu faire d'Alexandre un exécuteur des basses œuvres ; il s'y refuse dès la première scène de la pièce, accordant la vie sauve à Giomo, qui l'a reconnu, malgré l'opinion de ses compagnons.

La famille de Lorenzo

L'entourage proche de Lorenzaccio se résume à trois personnages : Catherine Ginori et Marie Soderini, ainsi que Philippe Strozzi. Les deux femmes, toujours ensemble, apparaissent seulement au cours des deux premiers actes. Elles sont cependant très présentes tout au long de la pièce, tant dans le monologue de Lorenzo à l'acte IV, qu'à la fin, lorsque le héros apprend la mort de sa mère. Marie Soderini, dont l'image s'efface donc progressivement au cours de la pièce, représente en quelque sorte le passé de Lorenzo, l'un des témoins du changement du personnage. Elle ne parvient cependant pas à percer l'énigme de son fils et meurt sans comprendre, après l'assassinat d'Alexandre.

Catherine Ginori, personnage plus mystérieux, s'exprime peu. Tante de Lorenzo, elle est assez jeune pour qu'Alexandre décide d'en faire sa maîtresse, assez pure pour être sauvée par Lorenzo. Catherine fonctionne comme le déclencheur ultime de l'acte de Lorenzo : elle servira également de prétexte pour attirer Alexandre dans la chambre du héros, le soir du meurtre. C'est sa pureté, qu'il compare à celle de Louise Strozzi (acte IV, scène IX), que Lorenzo met dans la balance. En tuant Alexandre, c'est elle au moins qu'il sauve. Il lance « Ah bien ! j'ai commis bien des crimes, et si ma vie est jamais dans la balance d'un juge quelconque, il y aura d'un côté une montagne de sanglots ; mais il y aura peut-être de l'autre une goutte de lait pur tombée du sein de Catherine, et qui aura nourri d'honnêtes enfants « (acte IV, scène V).

Catherine, qui porte les espoirs et la confiance de Lorenzo en la pureté de la femme, n'est pas vraiment un personnage du passé. Quand le héros l'évoque, c'est souvent au futur. Mais un futur désincarné, où Lorenzo n'a pas de part. Elle incarne le rêve insaisissable d'un bonheur terrestre possible, que le héros n'atteindra pourtant jamais.

Les Strozzi

Gigantesque famille de quarante membres, les Strozzi représentent l'une de ces familles nobles de la Renaissance italienne, riches d'hommes, parties prenantes dans les affaires de la cité, spoliées par l'accession au pouvoir de bourgeois comme les Médicis. Autour de l'insulte faite à Louise, de l'embuscade de Pierre et Thomas, règne comme une atmosphère de *vendetta*, fruit de l'une de ces vieilles haines de famille qu'évoque Shakespeare dans *Roméo et Juliette*, et que Musset tourne en ridicule dans la scène V de l'acte V où, sous la surveillance de leurs précepteurs, le petit Salviati et le petit Strozzi se chamaillent et se distribuent force coups de pieds. Prompts à agir, les fils Strozzi et, derrière eux, les autres membres du clan ne parviennent cependant pas à entraîner leurs partisans. Leur manquent l'aura et l'autorité tranquille de Philippe.

Parmi les républicains bavards et inefficaces, seul Philippe Strozzi est protégé par Musset, qui en fait un homme distingué et respecté par le héros. Philippe est bien sûr le confident de Lorenzo, lui seul est au courant des projets du jeune homme (acte III, scène III). Il n'est cependant pas un homme d'action, au contraire. À la mort de Louise (acte III, scène VII), il se retire dans un couvent, et refuse de prendre la tête d'une expédition de revanche. Il préférera partir, gagner

Venise, continuer à penser. Philippe Strozzi constitue une parfaite figure d'intellectuel. S'il force le respect de Lorenzo par sa rigueur et son intransigeance de pensée, il n'essaie cependant pas de se transformer en homme d'action. Contrairement à Lorenzo, Philippe conserve une partie de ses illusions. À lui le savoir livresque, à Lorenzo, la connaissance pratique de l'humanité, dans toute sa hideur. On peut voir en Philippe un double de Lorenzo, ce que le jeune homme aurait pu devenir, si la nuit du Capitole n'était intervenue pour bouleverser son destin.

Les Cibo

Avec ces trois personnages, Musset guide le spectateur dans le monde des intrigues de cour. Querelles ancestrales entre les familles, influence perverse du pape, tout concourt à donner une impression de couleur locale. Les Cibo résument à eux seuls toute l'aristocratie florentine du XVIe siècle. Si forte que puisse paraître leur conviction politique, elle fait surtout l'objet d'un débat entre égaux, d'une rivalité de caste.

Si passionnée qu'elle paraisse, la quête de Ricciarda Cibo n'en demeure pas moins dérisoire, réduite à une histoire d'alcôve. La pièce distille d'ailleurs habilement, par la bouche d'Alexandre le plus souvent (acte III, scène VI), mais aussi par le truchement du cardinal (acte IV, scène IV), une ironie assez sévère à l'égard de Ricciarda, de son ambition d'être l'inspiratrice du redressement de Florence, et de sa manière d'user de ses charmes pour tenter d'y parvenir.

Tebaldeo

Le jeune peintre, que Lorenzo et Valori rencontrent à la sortie d'une église de Florence, occupe une place centrale dans la pièce. Le personnage exerce bien sûr une fonction dramatique particulière : il réalise un portrait d'Alexandre et le fait poser torse nu, ce qui permet à Lorenzo de se débarrasser de la côte de mailles du duc de Florence (acte II, scène IV). Il est cependant impossible de considérer que Musset a créé ce personnage de peintre dans le seul but de se débarrasser d'un encombrant accessoire dont rien ne l'obligeait à couvrir Alexandre.

Pour des raisons de couleur locale, Musset tenait d'abord à introduire des artistes dans cette peinture de la Florence renaissante. Florence est fière de ses artistes, et certains Médicis (Lorenzo* principalement) sont célèbres pour s'être montrés d'excellents mécènes. Le personnage de Benvenuto Cellini* intervenait d'ailleurs dans certaines scènes de *Lorenzaccio* que l'auteur n'a pas conservées dans sa version définitive. Tebaldeo occupe ainsi une fonction sociale qui permet à Musset de faire tourner son kaléidoscope historique, afin d'observer son sujet – et son intrigue – sous tous les angles possibles.

La tradition critique prête cependant plus au personnage que la simple fonction de représentation des peintres et des artistes. Tebaldeo, qui refuse de devenir le valet de Lorenzo, tout en admettant manquer souvent d'argent pour vivre, donne l'image d'un jeune homme pur, libre, attaché à Florence et aux valeurs traditionnelles de la ville, mais affranchi des contraintes imposées par le pouvoir. Tebaldeo se présenterait alors comme une sorte de double, encore à l'abri des perversions de Lorenzo. Il serait ce que fut Lorenzo dans son enfance, et c'est pourquoi le jeune homme s'adresse à lui pour effectuer le portrait d'Alexandre. Cette conception intéressante du personnage se heurte cependant à la vénalité de Tebaldeo, que Musset choisit d'afficher lorsque le jeune peintre affirme ne pouvoir faire le portrait d'une courtisane, mais qu'il accepte de réaliser celui du duc de Florence.

Petit personnage de la ville, peintre de talent, sans grand génie cependant, Tebaldeo, jeune homme républicain au grand cœur, aurait pu constituer, comme le remarque Anne Ubersfeld, le destinataire de l'acte de Lorenzo, mais c'est un destinataire manqué.

Des silhouettes anonymes

Cependant, parmi les personnages secondaires, nombreux sont ceux qui ne constituent que de simples silhouettes, qui traversent le théâtre pour une ou deux scènes. Commerçants, artisans d'art, comme l'orfèvre de la scène I de l'acte I que l'on retrouvera plus tard, ou comme son compère le marchand, ils sont aussi précepteurs des enfants, et bourgeois de Florence qui regardent avec curiosité le ballet de la noblesse. Cependant, leur présence n'a rien de neutre. Chacun d'entre eux exprime une opinion sur l'action et son évolution, comme le ferait un chœur antique. La fonction de ce chœur paraît

ici politique : les bourgeois de Florence représentent et cari-
caturent les attitudes des républicains. Du numérologue qui
explique la mort d'Alexandre par l'incidence des dates (acte
V, scène v) au marchand qui pleure (acte I, scènes II et v)
l'occupation de Florence, chacun d'entre eux commente, sup-
pute, observe. Personne n'agit. Ces petites gens, mieux encore
que les nobles individualités évoquées plus haut, représentent Florence, héroïne véritable de la pièce.

La peinture de Florence

Personnifiée, féminisée, décrite, montrée, Florence est partout présente dans *Lorenzaccio*.

Du premier acte au milieu du cinquième, la pièce propose
une véritable promenade dans Florence, et même hors les
murs. Nous passons des rues de la ville au palais ducal, à
l'église de San Miniato ou aux bords de l'Arno. Parmi les
trente-huit décors de la pièce, dix-sept nous conduisent dans
des lieux différents de la ville, et nous font pénétrer au cœur
de la cité. Lorenzo parcourt la ville, des plus larges espaces
jusqu'à ses recoins les plus secrets et les plus intimes ; il
déclare (acte III, scène III) : « La vie est comme une cité – on
peut y rester cinquante ou soixante ans sans voir autre chose
que des promenades et des palais – mais il ne faut pas rentrer dans les tripots, ni s'arrêter, en rentrant chez soi, aux
fenêtres des mauvais quartiers. » Florence fonctionne alors
comme une métaphore de l'humanité, de ses brillantes façades
et de ses sombres secrets.

Mais surtout, Florence est dans toutes les bouches. Le plus
souvent représentée comme une femme, la ville est tantôt
mère, tantôt maîtresse, souveraine ou courtisane, au gré des
personnages, et des relations qu'ils entretiennent avec elle :
Alexandre est son amant, Tebaldeo son fils, Marie Soderini
voit en elle la cause des malheurs de Lorenzo. Riche, métaphorique, poétique, la langue des héros de *Lorenzaccio*, quand
ils s'adressent à Florence, illustre par sa puissance la place
qu'occupe dans l'œuvre dramatique cette cité protéiforme.
Ainsi, les bannis de l'acte I l'interpellent : « Adieu, Florence,
peste de l'Italie ; adieu, mère stérile, tu n'as plus de lait pour
tes enfants […]. Adieu, Florence, la bâtarde, spectre hideux
de l'antique Florence ; adieu, fange sans nom. »

Puis la marquise Cibo regarde la ville (acte II, scène III) : « Que tu es belle, Florence, mais que tu es triste ! […] Et pourquoi est-ce que tu te mêles à tout cela, toi, Florence ? Qui est-ce donc que j'aime ? Est-ce toi ? Est-ce lui ? » Puis elle rêve à la réconciliation d'Alexandre et de sa ville ; il dirait alors (acte III, scène VI) : « Comme le doge de Venise épouse l'Adriatique, ainsi je mets mon anneau d'or au doigt de ma belle Florence, et ses enfants sont mes enfants ».

Cependant Florence restera, comme l'écrit Thomasseau, une « mère indigne et catin, violée par la soldatesque allemande et vautrée dans le lit d'un bâtard ». Et si c'est à Venise, loin de Florence, que s'achève *Lorenzaccio*, la ville toscane reste toujours au cœur du drame, héroïne véritable et immuable.

Conclusion

Les coulisses des théâtres, les promenades sur les boulevards, la silhouette d'une grisette, la perspective d'un bal ou d'un tour de valse, à elles toutes Musset ouvre la porte de la poésie. Écrite pour les hommes et les femmes de son temps, la littérature de Musset porte un regard sur son époque.

Élégiaque, nostalgique au cœur même d'une jeunesse qu'il se prend à regretter bien avant qu'elle soit achevée, Musset apporte comme des bouffées de mélancolie dans la poésie, autant que sur la scène. On pourrait définir sa poésie comme une approche de son temps et de son existence, plus libre de références que celle des romantiques qui l'ont précédée, mais également contrainte par des choix rhétoriques.

Portée aux nues par la mode du XIXᵉ siècle finissant, à la grande fureur de Baudelaire et de Rimbaud, la poésie de Musset connut précisément les vicissitudes de la mode. À la recherche, dans son écriture comme dans sa vie, d'un monde derrière les mondes, d'une poésie de l'inexprimable, il fut, avec Nerval, de ceux qui ouvrirent la porte aux poètes « voyants ». Poète de la douleur, de la société des villes, de la femme comme être de mystère, de perfidie et de trahison, poète des incertitudes de la jeunesse, Musset, l'un des premiers de son temps, choisit de se sacrifier lui-même sur l'autel de la littérature.

Groupements thématiques

L'AMOUR

Textes

Rolla ; Nuit d'août ; À quoi rêvent les jeunes filles ; On ne badine pas avec l'amour.

Citations

« J'aime, voilà le mot que la nature entière
Crie au vent qui l'emporte, à l'oiseau qui le suit. »

Rolla.

« Après avoir souffert il faut souffrir encore
Il faut aimer sans cesse après avoir aimé. »

Nuit d'août.

« Et vous aurez vécu, si vous avez aimé. »
À quoi rêvent les jeunes filles.

« Ô Muse, que m'importe ou la mort ou la vie ?
J'aime et je veux pâlir ; j'aime et je veux souffrir… »

Nuit d'août.

« On est souvent trompé en amour, souvent blessé et souvent malheureux ; mais on aime, et quand on est sur le bord de sa tombe, on se retourne pour regarder en arrière, et on se dit : "J'ai souffert souvent, je me suis trompé quelquefois, mais j'ai aimé. C'est moi qui ai vécu, et non pas un être factice créé par mon orgueil et mon ennui." »

On ne badine pas avec l'amour.

LA SOUFFRANCE

Texte
Nuit de mai.

Citations

« Rien ne nous rend si grands qu'une grande douleur. »
Nuit de mai.

« Les plus désespérés sont les chants les plus beaux,
Et j'en sais d'immortels qui sont de purs sanglots. »
Nuit de mai.

LA POLITIQUE

Textes
Rolla ; Sonnet au lecteur.

Citations

« Je suis venu trop tard dans un monde trop vieux.
D'un siècle sans espoir naît un siècle sans crainte. »
Rolla.

« En vérité, ce siècle est un mauvais moment. »
Sonnet au lecteur.

LA TRAHISON

Texte
Nuit d'octobre.

Citations

« À défaut du pardon, laisse venir l'oubli. »
Nuit d'octobre.

« Honte à toi qui la première
M'as appris la trahison,
Et d'horreur et de colère
M'as fait perdre la raison. »

Nuit d'octobre.

LA RELIGION

Textes
Rolla ; L'Espoir en Dieu.

Citations
« Ô Christ ! je ne suis pas de ceux que la prière
Dans tes temples muets amène à pas tremblants. »

Rolla.

« Le monde s'est fait vieux,
Une immense espérance a traversé la terre ;
Malgré nous vers le ciel il faut lever les yeux ! »

L'Espoir en Dieu.

LA JEUNESSE

Textes
À Alfred Tattet ; On ne badine pas avec l'amour.

Citations
« Il est doux de fêter les dieux de la jeunesse,
De couronner de fleurs son verre et sa maîtresse,
D'avoir vécu trente ans comme Dieu l'a permis,
Et, si jeunes encore, d'être de vieux amis. »

À Alfred Tattet, sonnet.

« Vous voyez ce qui se passe ; nous sommes deux enfants
insensés, et nous avons joué avec la vie et la mort ; mais
notre cœur est pur… »

On ne badine pas avec l'amour.

LE ROMANTISME

Textes
Les Pensées secrètes de Rafaël ; La Coupe et les Lèvres.

Citations

« Racine, rencontrant Shakespeare sur ma table,
S'endort près de Boileau qui leur a pardonné. »
Les Pensées secrètes de Rafael.

« Mais je hais les pleurards, les rêveurs à nacelles… »
Dédicace de *La Coupe et les lèvres.*

LE SOUVENIR

Textes
Souvenir ; Lettre à Lamartine.

Citations

« Qu'est-ce donc qu'oublier, si ce n'est pas mourir ? »
Lettre à Lamartine.

« Un souvenir heureux est quelquefois sur terre
Plus vrai que le bonheur. »

Souvenir.

« J'espérais bien pleurer, mais je croyais souffrir
En osant te revoir, place à jamais sacrée
Ô la plus chère tombe et la plus ignorée
Où dorme un souvenir ! »

Souvenir.

LA TRISTESSE

Textes
Tristesse ; Une soirée perdue.

Citations

« J'ai perdu ma force et ma vie
Et mes amis et ma gaîté ;
J'ai perdu jusqu'à la fierté
Qui faisait croire à mon génie. »

Tristesse.

« Quelle mâle gaîté, si triste et si profonde
Que lorsqu'on vient d'en rire, on devrait en pleurer ! »

Une soirée perdue.

LA MORT

Texte
Lucie.

Citation

« Mes chers amis, quand je mourrai,
Plantez un saule au cimetière,
J'aime son feuillage éploré,
La pâleur m'en est douce et chère,
Et son ombre sera légère
À la terre où je dormirai. »

Lucie.

Anthologie critique

Un poète original

« [Musset] entra dans le sanctuaire lyrique tout éperonné et par la fenêtre, je le crois bien. Il chantait comme Chérubin quelque espiègle chanson […]. Il avait fait enrager le guet avec sa lune *comme un point sur un i*. Le lyrisme de cette époque était un peu solennel, volontiers religieux, pompeux comme un *Te Deum* ou sentimental. Alfred de Musset lui fit d'emblée quelque déchirure : il osa avoir de l'esprit, même avec un brin de scandale. »

Sᴀɪɴᴛᴇ-Bᴇᴜᴠᴇ, Revue des Deux-Mondes, 1840.

Une poésie intime

« Sa poésie, c'était lui-même ; il s'y précipitait à corps perdu ; c'était son âme juvénile, c'était sa chair et son sang qui s'écoulait […]. Musset n'était que poète ; il voulait sentir. Il était d'une génération dont le mot secret, le premier vœu inscrit au fond du cœur avait été la *poésie en elle-même, la poésie avant tout.* »

Sᴀɪɴᴛᴇ-Bᴇᴜᴠᴇ, *Le Constitutionnel*, 11 mai 1857.

Le poète de la jeunesse

« Je ne saurais pour mon compte parler de Musset avec l'impartialité froide du critique. Je l'ai dit, il a été toute ma jeunesse. Quand je lis une seule de ses strophes, c'est ma jeunesse qui s'éveille et qui parle. »

Émile Zᴏʟᴀ, *Documents littéraires*,
Charpentier, Paris, 1877.

Le sentiment ne fait pas l'artiste

« Musset n'a jamais séparé sa poésie des sensations qu'elle complète. La musique, selon lui, a été faite pour les sérénades, la peinture pour le portrait et la poésie pour les consolations du cœur. Quand on veut ainsi mettre le soleil dans sa culotte, on brûle sa culotte et on pisse sur le soleil. C'est ce qui lui est arrivé. Les nerfs, le magnétisme, voilà la poésie. Non, elle a une base plus sereine ! »

Gustave FLAUBERT, Lettre à Louise Colet (1852), *Correspondance*, tome I, Librairie de france, Paris, 1922.

Un poète pour adolescents

« Excepté à l'âge de la première communion, c'est-à-dire à l'âge où tout ce qui a trait aux filles publiques et aux échelles de soie fait l'effet d'une religion, je n'ai jamais pu souffrir ce *maître des gandins*, son impudence d'enfant gâté qui invoque le ciel et l'enfer pour des aventures de table d'hôte, son torrent bourbeux de fautes de grammaire et de prosodie, enfin son impuissance totale à comprendre le travail par lequel une rêverie devient objet d'art. »

Charles BAUDELAIRE, Lettre à A. Fraisse, *Correspondance générale*, tome III, Éditions Louis Conard, Paris, 1948.

Un poète classique

« Musset a continué la grande race des écrivains français. Il est de la haute lignée de Rabelais, de Montaigne et de La Fontaine. S'il semble s'être drapé à ses débuts dans les guenilles romantiques, on croirait aujourd'hui qu'il a pris ce costume de carnaval pour se moquer de la littérature échevelée du temps. Le génie français, avec sa pondération, sa logique, sa netteté si fine et si harmonique, était le fond même de ce poète aux débuts tapageurs. »

Émile ZOLA, *Documents littéraires*, Charpentier, Paris, 1877.

Éloge du théâtre

« Dans la *qualité* de sa fantaisie, Musset nous rappelle toujours Shakespeare. Ses petits drames se déroulent dans le pays de *Comme il vous plaira* et du *Conte d'hiver* ; l'auteur s'y trouve chez lui, comme Shakespeare lui-même, et ses mouvements ont quelque chose de la légèreté et de la liberté shakespeariennes […]. Le dialogue de Musset avec sa gaieté et sa mélancolie mêlées, sa douceur et son ironie, ses allusions aux choses réelles et ses affinités avec un monde de rêve a un charme absolument indéfinissable. »

Henry JAMES, *French Poets & Novelists*, Londres, 1878.

ANNEXES

Un précurseur

« Certains passages de *La Confession d'un enfant du siècle* ou du *Poète déchu* ont pu – et l'on devine avec quelles précautions j'avance ces constatations – toutes choses égales d'ailleurs, exercer une influence sur Lautréamont quand il écrivait *Les Chants de Maldoror* et certains fragments rappellent les déclarations d'Arthur Rimbaud dans *Une saison en enfer*. »

Philippe SOUPAULT, *Poètes d'aujourd'hui*,
Seghers, Paris, 1957.

Une influence pernicieuse

« Mais quelle influence ce poète de la jeunesse a-t-il eue sur cette jeunesse de France qui s'est enivrée pendant vingt-cinq ans à cette coupe ? Une influence maladive et funeste, nous le disons hautement. Cette poésie est *un perpétuel lendemain de fête* après lequel on éprouve cette lourdeur de tête, et cet alanguissement de vie que l'on éprouve le matin à son réveil après une nuit de festin, de danse et d'étourdissement des liqueurs malsaines qu'on a savourées. Poésie de la paresse […]. Philosophie du plaisir qui n'a pour moralité que le déboire et le dégoût. »

LAMARTINE, *Cours de littérature*, 1857.

Un théâtre vivant

« Marianne […] change à mesure qu'elle s'anime à la séduction des paroles d'Octave et s'explique à nous ou se révèle à elle-même quand elle offre son amour au jeune homme en pleurs sur la tombe de Coelio. Aussi a-t-on pu justement signaler toutes sortes de mérites dans ce théâtre de Musset, en louer la fantaisie, le persiflage, l'émotion, la langue imagée et condensée ; le premier mérite d'un théâtre est encore d'être vivant. Et ce théâtre vit parce que l'âme humaine y respire. »

René DOUMIC, *Le Classicisme d'Alfred de Musset*,
Revue des Deux-Mondes, juin 1907.

Le parfum de la grâce

« Il y a dans Musset ce mélange exquis, le plus ravissant qui soit, de l'esprit et de la poésie. Le parfum de cette fleur est la grâce. Musset au théâtre est bien le frère de Watteau.

Quelle nasarde à tous ces petits nigauds qui se flattent de tout renouveler en art, parce qu'ils substituent une mode à une autre. Les trois seuls grands écrivains du siècle dernier qui n'ont pas vieilli, Stendhal, le théâtre de Musset et Baudelaire, sont précisément les seuls qui n'ont pas donné dans la vanité de la formule à la mode. »

André SUARÈS, cité dans Simon Jeune,
Musset et sa fortune littéraire, coll. « Tels qu'en
eux-mêmes », Ducros, Bordeaux, 1970.

Une poésie moderne

« Cette poésie de l'homme moderne que le véritable romantisme avait suscitée, c'était cette vision d'un monde merveilleux et vivant que l'esprit du poète romantique évoque par les miracles de la fantaisie.

Ce romantisme-là, c'est le nôtre. C'est lui qui se retrouve au fond de l'inquiétude de notre siècle, et les mêmes problèmes qui hantaient la jeunesse de 1830 continuent de solliciter notre génération. »

Antoine ADAM, cité dans Simon Jeune, *op. cit.*

Recherches et exercices

COMMENTAIRE COMPOSÉ

Extrait de *Lorenzaccio*, acte III, scène III.

« LORENZO. – Tu me demandes pourquoi je tue Alexandre ?
Veux-tu donc que je m'empoisonne, ou que je saute dans
l'Arno ? Veux-tu donc que je sois un spectre, et qu'en frap-
pant sur ce squelette… *(il frappe sa poitrine)* il n'en
sorte aucun son ? Si je suis l'ombre de moi-même, veux-
tu donc que je rompe le seul fil qui rattache aujourd'hui
mon cœur à quelques fibres de mon cœur d'autrefois ?
Songes-tu que ce meurtre, c'est tout ce qui me reste de
ma vertu ? Songes-tu que je glisse depuis deux ans sur un
rocher taillé à pic, et que ce meurtre est le seul brin d'herbe
où j'aie pu cramponner mes ongles ? Crois-tu donc que je
n'aie plus d'orgueil, parce que je n'ai plus de honte, et
veux-tu que je laisse mourir en silence l'énigme de ma
vie ? Oui, cela est certain, si je pouvais revenir à la vertu,
si mon apprentissage du vice pouvait s'évanouir, j'épar-
gnerais peut-être ce conducteur de bœufs – mais j'aime
le vin, le jeu et les filles, comprends-tu cela ? Si tu honores
en moi quelque chose, toi qui me parles, c'est mon meurtre
que tu honores, peut-être justement parce que tu ne le
ferais pas. Voilà assez longtemps, vois-tu, que les républicains me couvrent de boue et d'infamie ; voilà assez
longtemps que les oreilles me tintent et que l'exécration
des hommes empoisonne le pain que je mâche. J'en ai
assez de me voir conspué par des lâches sans nom, qui
m'accablent d'injures pour se dispenser de m'assommer,
comme ils le devraient. J'en ai assez d'entendre brailler
en plein vent le bavardage humain ; il faut que le monde
sache un peu qui je suis, et qui il est. Dieu merci ! c'est

peut-être demain que je tue Alexandre ; dans deux jours, j'aurai fini. Ceux qui tournent autour de moi avec des yeux louches, comme autour d'une curiosité monstrueuse rapportée d'Amérique, pourront satisfaire leur gosier et vider leur sac à paroles. Que les hommes me comprennent ou non, qu'ils agissent ou n'agissent pas, j'aurai dit tout ce que j'ai à dire ; je leur ferai tailler leur plume, si je ne leur fais pas nettoyer leurs piques, et l'Humanité gardera sur sa joue le soufflet de mon épée marqué en traits de sang. Qu'ils m'appellent comme ils voudront, Brutus ou Érostrate, il ne me plaît pas qu'ils m'oublient. Ma vie entière est au bout de ma dague, et que la Providence retourne ou non la tête, en m'entendant frapper, je jette la nature humaine à pile ou face sur la tombe d'Alexandre ; dans deux jours, les hommes comparaîtront devant le tribunal de ma volonté. »

Introduction

Parvenu au centre de la pièce, le spectateur, au cours d'un long dialogue entre Philippe Strozzi et le héros, qui se présente comme une accalmie dans le bouillonnement de *Lorenzaccio*, découvre à la fois le projet du héros et sa motivation. Cette scène d'explication, qui intervient assez tard dans l'économie de la pièce, trouve son apogée dans la tirade de Lorenzo. Alors que Philippe, conscient du scepticisme du jeune homme, de ses doutes quant à l'issue du crime qu'il projette, lui demande « pourquoi » il s'obstine à vouloir assassiner le tyran de Florence, le héros répond à son ami par un discours très construit. Le spectateur passe d'une tirade indignée, caractérisée par la virulence, à une constatation plus apaisée sur les changements opérés dans la personnalité du héros, avant d'assister à une confrontation solennelle entre Lorenzo et le genre humain. Dans cette tirade, la vigueur du dialogue soutient une construction rhétorique où le « je » se dissout apparemment dans un vertigineux enchaînement métaphorique, avant de reparaître, érigé avec la majesté d'une statue.

La violence du dialogue

La tirade commence par une interrogation, et cette forme sera maintenue pendant toute la première moitié du texte, interpellant Philippe à intervalles réguliers. Musset cherche à obtenir un effet de martèlement interrogatif, à l'aide d'anaphores, qu'il renouvelle mais dont il conserve le principe tout au long de la tirade (« Veux-tu donc ? Songes-tu ? Voilà assez longtemps, J'en ai assez »). Ces appuis de la phrase relancent la diction de l'acteur, lui permettent de conserver l'énergie de ton qu'impose une pareille tirade, tout en maîtrisant son souffle ; ils lui permettent, en quelque sorte, de « tenir la distance ». L'élan donné par la forme interrogative se prolonge dans l'accumulation de courtes périodes, dont le rythme repose sur la répétition et l'alternative. Lorenzo déclare : « Que les hommes comprennent ou non / qu'ils agissent ou n'agissent pas / que la Providence tourne ou non la tête ». Musset ponctue ces interpellations par une didascalie, un geste unique mais qui exprime également la violence du personnage, sa fureur même, au sens antique du terme, au moment où il prononce ces phrases. Un tel enchaînement d'interrogations suppose, également, une place pour l'interlocuteur. Le lecteur de la tirade devine, de la part de Philippe, l'effroi, la compréhension, la pitié presque, puis le recul qui saisit en quelque sorte celui-ci à la suite d'un pareil aveu, et le conduit à mettre fin à la conversation. Philippe, à travers l'interrogation qui s'adresse à lui, se trouve sans cesse pris à témoin. Il constitue une sorte de spectateur idéal, dont le visage devrait se présenter comme un miroir du public.

Un discours brouillé

Cependant, cette confrontation entre les deux personnages, ce face à face où Lorenzo entend livrer la vérité de son être à Philippe, prend une forme étrange. Tout se passe comme si, incapable de définir son geste, pas plus que sa personne, Lorenzo les enfouissait sous un étrange enchaînement de métaphores, saisissantes certes, mais dont l'accumulation se révèle contre-productive. Ainsi, nous assistons à une sorte de dissolution de Lorenzo, qui devient « un spectre/un songe/l'ombre de lui-même ». Son crime devient le « fil qui rattache [s]on cœur d'aujourd'hui à [s]on cœur d'autrefois », le « brin d'herbe » auquel il s'accroche dans sa chute. S'agissant d'un geste essentiel, du fin mot d'une vie, le discours se fait de plus en plus ténu, jusqu'à le réduire à presque rien.

En revanche, le champ lexical du cœur, au sens le plus physique du terme, se trouve également balisé : ainsi, il est question de cœur (en termes précis de « fil » et de « fibres »), du « soufflet de [s]on épée marqué en traits de sang ». Enfin, l'exploitation de ce registre héroïque, traité ici avec une évidente volonté de rendre les images les plus visuelles possible, culmine avec la formule : « Ma vie entière est au bout de ma dague ».

Ce principe de l'enchaînement métaphorique se retrouve lorsqu'il s'agit d'évoquer le public. Les hommes se réduisent quasiment à leur murmure, à une rumeur. Il est question d'oreilles qui « tintent », d'un personnage « accablé d'injures », « conspué ». Lorenzo refuse enfin d'entendre « brailler en plein vent le bavardage humain ». On pourrait presque parler d'une hallucination auditive. Musset s'emploie à saturer le champ lexical du bruit et de la rumeur. Dans une scène à deux personnages, loin du grondement de Florence, le public, les hommes, la ville restent ainsi présents dans le décor.

Un tel jeu métaphorique et lexical tend à rendre présents les absents, mais également à effacer le personnage principal, au point d'en brouiller la perception. On peut presque considérer que Lorenzo disparaît derrière son discours.

L'édification du moi

Pourtant, si les motivations de Lorenzo laissent en quelque sorte le personnage s'effacer derrière un crime lui-même devenu de plus en plus ténu, son discours tend également à proposer le portrait, ou plutôt la statue, d'un Lorenzo héroïque, voire impérial.

La construction de la tirade conduit subtilement le héros à changer d'interlocuteur, le texte à changer de destinataire. Arrivé à la moitié du texte, Philippe s'efface peu à peu devant l'humanité. Le discours de Lorenzo s'adresse alors non seulement à ses contemporains de Florence, mais aux hommes dans leur ensemble, voire à la « Providence ». Le « tu » de Philippe laisse place à « eux », à « leurs plumes » ou « leurs piques ». À la fin, le défi politique devient même une sorte de défi à Dieu.

Dans ce contexte, et malgré l'effritement du geste et du personnage constaté plus haut, on reste étonné par la prolifération des occurrences du « je ». Sous la forme du pronom personnel, du pronom ou adjectif possessif, on relève cinquante occurrences de la première personne dans la tirade de Lorenzo. Cependant, il ne s'agit pas de décrire le moi, mais en réalité de le construire. D'assassin, Lorenzo se fait juge, évoquant le « tribunal de [s]a volonté », la nature humaine qu'il « joue à pile ou face ». Le personnage adopte même un ton royal, employant une tournure étonnante : « Il ne me plaît pas qu'ils m'oublient ». À la fin du texte, Lorenzo a construit sa propre statue, il a livré au public, et à Philippe abasourdi, ses fantasmes héroïques secrets. C'est par le langage, par la seule évocation de son acte, que Lorenzo se construit : être de théâtre, cathédrale de mots.

Conclusion

L'espace d'un instant, Lorenzaccio a proposé une alternative à *Lorenzaccio*, évoquant l'hypothèse, déjà donnée comme improbable – voire impossible –, d'un succès de son geste. Cependant, dans le contexte de la « difficulté d'être » de Lorenzaccio, évoquée par Bernard Masson, une telle tirade manifeste l'échec du personnage à révéler, et même à découvrir la vérité de son être. Encore une fois, dans cette pièce comme dans toute l'œuvre de Musset, le paraître du théâtre se substitue à l'illusion de l'être.

SUJETS DE RECHERCHES

Travail sur l'ensemble de l'œuvre

Musset, prophète de son temps. Le philosophe Taine voit en la personne d'Alfred de Musset une sorte de prophète de son temps, illuminé par une intuition révélatrice. Il écrit au sujet du poète des *Nuits* : « Les religions, leur gloire et leur ruine, le genre humain, ses douleurs et sa destinée, tout ce qu'il y a de sublime au monde lui est alors apparu dans un éclair ». Il ajoute : « Il n'a pas été un simple dilettante ; il ne s'est pas contenté de goûter et de jouir ; il a imprimé sa marque dans la pensée humaine ; il a dit au monde ce que c'est que l'homme, l'amour, la vérité, le bonheur. » En quoi votre lecture de Musset confirme-t-elle une telle conception de l'œuvre du poète ?

L'autobiographie dans l'œuvre de Musset. Recherchez dans les écrits du poète les traces et les souvenirs de sa liaison avec George Sand, et analysez le traitement qui en est proposé.

Lamartine et Musset. En analysant précisément le *Cours familier de littérature* de Lamartine, et ses textes consacrés à Alfred de Musset, vous étudierez la place de Lamartine dans l'œuvre de Musset. Vous vous interrogerez également sur la place du poète dans le mouvement romantique français.

Modernité de Musset. Au sujet de Musset, Barbey d'Aurevilly écrit qu'il le considère comme « le plus puissamment humain et homme puissamment moderne » de tous les poètes de son temps. Au même moment, l'édition des œuvres complètes de Musset, entreprise par son frère Paul, présente Alfred comme « le grand poète des temps modernes ». À la lumière des *Revues fantastiques* et des textes de Musset consacrés à l'art moderne, vous essayerez de définir la modernité, ou plutôt l'actualité de Musset.

Musset et l'art de son temps. Relevez, dans les écrits de Musset, les allusions aux autres artistes (peintres, poètes, écrivains), recherchez ceux dont les occurrences sont les plus fréquentes. Portez une attention particulière aux textes qui proposent une analyse précise de l'œuvre d'un prédécesseur ou d'un contemporain. Essayez de tirer de cet examen des maîtres de Musset et de leur influence dans son œuvre ce que l'on pourrait appeler « l'art poétique » de l'auteur des *Nuits*.

On lit sous la plume de Jean Starobinski : « Faute de pouvoir ouvrir à l'imagination l'espace de l'univers, faute de pouvoir soutenir l'ambition d'un grand réalisme magique, on se replie dans l'espace intérieur, on traduit les rêves cosmiques en rêves intimes, et l'on s'engloutit dans la sécession idéaliste. Imaginer, ce n'est plus participer au monde, c'est hanter sa propre image sous les apparences indéfiniment variables qu'elle peut revêtir » *(La Relation critique)*. Cette théorie peut elle fournir une clé de lecture pour la *Confession d'un enfant du siècle* ? Pourquoi ? À partir de ce texte, vous pouvez étudier la *Confession* sous l'angle du narcissisme.

Sur le théâtre d'Alfred de Musset

Des «nouvelles dialoguées». Illustrez à l'aide d'exemples, et commentez ce jugement d'Émile Zola sur le théâtre de Musset. «Voilà un écrivain qui n'entend pas écrire des pièces jouables, qui met même quelque affectation à laisser courir librement sa fantaisie dans les nouvelles dialoguées qu'il écrit ; et il arrive ce miracle que ces nouvelles dialoguées sont merveilleuses à la scène et qu'elles enterrent gaillardement les comédies et les drames charpentés en vue des planches par les faiseurs.» Vous porterez une attention toute particulière à l'expression «nouvelles dialoguées» et tenterez de la définir précisément, ainsi que d'en examiner la pertinence.

La mise en scène des *Comédies et proverbes*. À la lumière des articles de presse, photographies, et enregistrements des *Caprices de Marianne* et de *On ne badine pas avec l'amour*, notamment, vous examinerez la manière dont les metteurs en scène contemporains sont parvenus à résoudre les problèmes de représentation que posent ces pièces.

Comparez les diverses interprétations de *Lorenzaccio*. Quels acteurs, depuis Gérard Philipe, se sont illustrés dans ce rôle, et quelle vision du personnage ont-ils proposée, au fil du temps ?

Les héroïnes de Musset : analyse du caractère et de la fonction des personnages féminins dans le théâtre de Musset.

Musset et son public. André Claveau, critique de la fin du XIXe siècle, écrit : «La jeunesse et les femmes se reconnaissent et s'adorent en lui. Elles l'aiment plus peut-être pour ses sympathiques défauts que pour ses mérites supérieurs. Il est fait à leur image, et naturellement cette image leur est chère. Elles le trouvent plus vrai que les autres parce qu'il est plus près d'elles et de leur faiblesse, parce qu'il est terriblement femme lui aussi.» Que pensez-vous de ces affirmations ? L'œuvre de Musset permet-elle de les confirmer ?

Musset et la poésie. Le critique italien Benedetto Croce ne parvient pas à classer avec certitude Musset parmi les poètes, mais il écrit : « Si la poésie pouvait être l'identité avec la vie, alors Musset se serait, plus que les autres, approché de cet idéal et il serait compté au nombre des plus grands. » Analysez et commentez ce jugement. Quelle conception de la poésie transparaît à travers la pensée de Croce ?

Lexique

Alfieri, Vittorio (1749-1830) : poète italien et auteur dramatique italien épris de liberté, opposé aux tyrans, dont les œuvres influencèrent l'auteur de *Lorenzaccio*.

Anchise et Créüse : respectivement père et femme d'Énée, le héros de l'*Énéide* de Virgile, dont Musset se moque ici, dans une tradition héritée notamment du XVIIᵉ siècle.

Bernhardt, Sarah (1844-1923) : principale actrice de la fin du XIXᵉ siècle et du début du XXᵉ siècle, qui se fit une spécialité des rôles travestis.

Boccace, Giovanni Boccaccio, dit (1313-1375) : conteur italien, auteur du recueil *Le Décaméron* qui, depuis le XVIᵉ siècle, a inspiré de nombreux auteurs et fourni la trame de nombreux écrits.

Brutus : ce héros semi-légendaire de Rome est, comme sa sœur Lucrèce, associé à la chute de la royauté.

Byron, George (1788-1824) : une des figures de proue du romantisme anglais, auteur de *Lara* (nouvelle en vers), du *Chevalier Harold* (poème écrit dans ces stances qui inspirèrent le jeune Musset) et de *Don Juan*.

Carmontelle, (dit Louis Carrogis) (1717-1806) : peintre, arcitecte et auteur dramatique, il est surtout l'auteur de *Proverbes dramatiques* (1768-1781).

Cellini, Benvenuto (1500-1571) : orfèvre et sculpteur italien.

Chénier, André (1762-1794) : l'inspiration orientale de ce grand poète de la période révolutionnaire séduisit Musset, ainsi que l'ensemble de la génération romantique.

Clément VII (Jules de Médicis) (1478-1534) : pape qui s'allia avec les Français contre Charles Quint. Après le sac de Rome, en 1527, il dut couronner empereur son ancien ami.

Daumier, Honoré (1808-1879) : caricaturiste doté à la fois d'un réel sens dramatique et d'un trait caustique, voire cruel.

Elvire : jeune femme, décédée, à qui Lamartine dédie son poème *Le lac*.

Erostrate : cet Éphésien de l'Antiquité incendia le temple d'Artémis, une des sept merveilles du monde, afin seulement que son nom demeure immortel.

Feydeau, Georges (1862-1921) : témoin implacable et cruel de la société de la Belle Époque, cet auteur dramatique met en place, dans ses pièces, des mécanismes comiques impitoyables.

Fornarine : maîtresse et modèle du peintre Raphaël.

Gautier, Théophile (1811-1872) : un des plus ardents défenseurs de Victor Hugo, poète romantique dans sa jeunesse, il deviendra un adepte de la forme ciselée, de la perfection technique. Ses recherches poétiques lui vaudront l'admiration de Baudelaire.

Goethe, Johann Wolfgang von (1749-1832) : romancier, essayiste, dramaturge, poète et philosophe allemand. Auteur, notamment des *Souffrances du jeune Werther*, il domine le romantisme allemand, et même la vie littéraire de l'Allemagne pendant plus d'un demi-siècle.

Henri III et sa Cour (1829) : drame historique d'Alexandre Dumas.

Hernani (1830) : pièce de Victor Hugo dont la première donna lieu à un affrontement en règle entre classiques et romantiques. Le triomphe d'*Hernani* signera la victoire de l'école romantique.

Labiche, Eugène (1815-1888) : auteur de comédies qui décrivent avec humour et lucidité la société du Second Empire.

Lorenzo de Médicis (1449-1492) : Duc de Florence avec son frère Julien à la fin du XVe siècle ; il se rendit surtout célèbre pour ses largesses fabuleuses et son rôle de protecteur des arts.

Lucrèce : à Rome, lorsque régnaient encore les rois, cette dame romaine, violée par le fils du roi Tarquin le Superbe, se suicida ; sa mort déclencha la révolution.

Lugné-Poe (1869-1940) : acteur et directeur de théâtre.

Marivaux, Pierre Carlet de Chamblain de (1688-1763) : principal auteur dramatique du XVIIIe siècle, Marivaux explore avec minutie, et cruauté parfois, les caprices et les variations du cœur.

Nerval, Gérard Labrunie, dit **Gérard de** (1808-1855) : ami de Gautier et d'Alexandre Dumas, ce traducteur du *Faust* de Goethe est l'auteur de nouvelles intitulées *Les Filles du feu*, d'une sorte de voyage au pays du délire, *Aurélia*, et de poèmes souvent mystiques, étranges et hallucinés.

Ossian : barde écossais du IIIe siècle, auquel on attribue la paternité de chants gaéliques édités en 1760 par Mc Pherson, leur véritable auteur. Ces chants d'amour et de guerre, dans un décor de landes, de falaises et de brume, exercèrent une énorme influence sur la littérature européenne.

Philémon et Baucis : couple mythique de l'Antiquité, symbolisant l'amour et la fidélité par-delà la vieillesse et la mort.

Quincey, Thomas de (1785-1859) : auteur des *Confessions d'un opiomane anglais*, traduit et adapté par Musset.

Richardson, Samuel (1689-1761) : ce romancier anglais, auteur de *Pamela*, et surtout de *Clarisse Harlowe*, désireux de sonder les mystères de l'âme féminine, connut une importante postérité littéraire, de Diderot et Rousseau jusqu'aux romantiques français.

Richter, Johann Paul Friedrich dit **Jean-Paul** (1763-1825) : romancier et poète allemand qui célèbre l'imaginaire, et assigne à la poésie la fonction de « représenter l'infini ».

Schiller, Friedrich von (1759-1805) : l'une des grandes figures du *Sturm und drang*, le premier romantisme allemand. Auteur de très nombreuses pièces de théâtre, défenseur de la liberté et de la démocratie, au moins dans sa jeunesse, période où il compose *Les Brigands*, un des textes à l'origine de *Lorenzaccio*.

Scott, Walter (1771-1832) : poète et romancier écossais, dont les *Chansons de la frontière écossaise* connurent un important succès. Il dut l'essentiel de sa gloire à des romans historiques, riches en tableaux des temps anciens : *Waverley, Quentin Durward, Ivanhoe*.

Senancour, Étienne Pivert de (1770-1846) : écrivain français influencé par Rousseau. En 1804, il publie *Oberman*, roman où se manifestent à la fois son profond sentiment de la nature et un malaise essentiel de type pré-romantique.

Staël, Germaine de (1766-1817) : auteur de *De l'Allemagne* et de *Corinne ou l'Italie* ; sa vie d'exilée, opposante un temps à Napoléon, lui permit de faire découvrir au public français la littérature européenne.

Stendhal, Henri Beyle dit (1783-1842) : romancier et essayiste français. Son *Racine et Shakespeare* (1823 et 1825), notamment, inspira les grandes orientations du théâtre de Musset.

Titien (1490-1576) : peintre vénitien qui fut l'un des grands maîtres de la peinture du XVIe siècle.

Tristesse d'Olympio : poème de Victor Hugo.

Bibliographie essentielle

Éditions des œuvres de Musset

La manière la plus simple de lire l'œuvre de Musset consiste à recourir au volume de la collection « L'Intégrale » (texte établi et présenté par Philippe Van Tieghem, éditions du Seuil, Paris, 1963), qui comporte également la biographie d'Alfred de Musset par son frère, Paul de Musset.

Pour le théâtre, on pourra se référer à certaines éditions commentées :

Pierre-Georges CASTEX, *Les Caprices de Marianne*, S.E.D.E.S, Paris, 1978.

Pierre-Georges CASTEX, *On ne badine pas avec l'amour*, S.E.D.E.S., Paris, 1979.

Biographies

Outre la biographie de Paul de MUSSET, publiée dans la collection « L'Intégrale », au Seuil, on peut citer :

Maurice ALLEM, *Alfred de Musset*, collection « À la gloire de… », Éditions de la nouvelle revue critique, Paris, 1940.

Études de l'œuvre

Paul BÉNICHOU, *L'École du désenchantement*, Gallimard, Paris, 1992.

GANS, *Musset et le drame tragique*, Corti, Paris, 1974.

Simon JEUNE, *Musset et sa fortune littéraire*, collection « Tels qu'en eux-mêmes », Ducros, Bordeaux, 1970.

Léon LAFOSCADE, *Le Théâtre d'Alfred de Musset*, Nizet, Paris, 1969.

Henri LEFEBVRE, *Musset, essai*, L'Arche, Paris, 1970.

Jean POMMIER, *Variétés sur Alfred de Musset et son théâtre*, Nizet, Paris, 1966.

Philippe VAN TIEGHEM, *Musset*, collection « Connaissance des lettres », Hatier, Paris, 1969.

Philippe SOUPAULT, *Alfred de Musset*, collection « Poètes d'aujourd'hui », Seghers, Paris, 1957.

ANNEXES

Articles et monographies

Europe, numéro spécial « Alfred de Musset », 1977.

Bernard MASSON, « Le masque, le double et la personne », *Revue des sciences humaines*, n° 4, Paris, 1962.

Bernard MASSON, « Lorenzaccio ou la difficulté d'être », *Archives des lettres modernes*, n° 46, Paris, 1962.

Jean POMMIER, *Baudelaire et Musset*, Mélanges Bonnerot, Nizet, Paris, 1954.

Jean-Marie THOMASSEAU, *Lorenzaccio*, collection « Études littéraires », PUF, Paris, 1986.

Anne UBERSFELD, « Le portrait du peintre », *Revue des sciences humaines*, n° 165, Paris, 1977.

N° Editeur : 10026509-(I)-3-OSBT-80
Dépôt légal : Janvier 1996
Imprimé en France par I.M.E. - 25110 Baume-les-Dames
N° imprimeur : 10497